MANUEL CORRAL VIDE

Cocina Celta

Recetas & Leyendas

EDICIONES Lea

Edición:
Adrián Rimondino

Arte de tapa y diseño de interior:
Gabriel A. Soria (DG)

Producción gastronómica:
Manuel Corral Vide (Chef)
Pablo Sanchez Moreno (Asistente)
Adriana Seghetta (Asistente)
Mariano Fuentes (Asistente)

Agradecimientos:
Carlos Alberto Ponce
Cristina Oteyza
Manuel Castro (Director de la Banda de
Gaitas Ciudad de Buenos Aires, Presidente
de la Asociación Gaiteros de Argentina)
Ximena Corral Rodríguez

Cocina Celta
Recetas & Leyendas
es editado por
EDICIONES LEA S.A.
Bonpland 2273 C1425FWC
Ciudad Autónoma de Buenos Aires, Argentina.
E-mail: edicioneslea@latinoa.com.ar
Web: www.librosyrevistas.net

ISBN Nº 987-1257-06-6

Impreso en Argentina.
Talleres gráficos Vuelta de página.
Enero de 2006

Corral Vide, Manuel
    Cocina Celta: Recetas & Leyendas - 1a ed. - Buenos Aires:
Ediciones Lea libros, 2006.
    160 p.: il.; 28x20 cm.

    ISBN 987-1257-06-6

    1. Cocina Celta. I. Título
CDD 641.852

MANUEL CORRAL VIDE

Cocina Celta

Recetas & Leyendas

Fotografías de
Franco Ferrantelli

EDICIONES
Lea

Celebrando la vida en cada acto

ucedió que iba a Mondoñedo en una mañana clara de enero y antes de llegar al valle desapareció el tibio sol. Una intensa niebla azafranada pobló de misterio la realidad y creí estar en Miranda, con la siempre bella doña Ginebra, el señor Merlín, Felipe de Amancia, el flautista Mestre John Flute, Cobillón, el demonio perfumista, la sobrina del deán de Truro (que tenía una mano de plata), o con algún otro personaje surgido de la fértil imaginación del gastrónomo y escritor Álvaro Cunqueiro, cuya alma vive plácidamente en la mítica villa. Avancé con cuidado por el húmedo corredor, pensando que un gallego, habituado desde niño a convivir con amables meigas y Santas Compañas, no debería tener miedo a la indudable calidad mágica de la niebla inesperada sino que, por el contrario, debería disfrutar de esa extraña sensación de viajar custodiado por Charles Anne Guenolé Mathieu de Crozon, el ilustre sochantre de Pontivy y su alegre y fantasmal comitiva: el verdugo de Lorena, el ahorcado de Dorne, la sensual Clarina de Saint–Vaast, de inmensos ojos verdes, el médico Sabat, la sombra de Guy Parbleu, Coulaincourt de Bayeux, Mammers el Cojo, el hidalgo de Quelven, y algún otro parlanchín cunqueriano que retoza muy contento en el mundo de los vivos por no imaginar otro mejor para beber un buen vino o para hincarle el diente a un pernil de cerdo ahumado. Muy contento, entonces, recité a Gerardo Diego: "Ángel de Niebla, ángel de luz y aire, que para hacerse cierto al hombre incrédulo, muestra en niebla su angelofonia…" y oí –estoy seguro– la deliciosa música de la lira tañida por el bardo Amergin, que aún sueña en la verde Irlanda con sus montes, ríos y valles gallegos, inspirado por la diosa Brigitt. Por fin, aún inmerso en la luz más propia de la isla de Avalón o el Annwyn que de la tierra gallega, pensé en Conn Cetchatar, "el de las cien batallas", pero también en San Patricio y en el Apóstol Santiago, y en los banquetes de aquellas gentes que convivían naturalmente con dioses, duendes, hadas, elfos y animales míticos, celebrando la vida en cada acto. Tal vez en ese momento, en tierra lucense, surgió la idea de este libro.

En definitiva, ya Dionisio Pérez señaló la relación "horizontal" que existe entre la cocina galaico–asturiana, la bretona y la de Normandía, e incluso de la irlandesa en razón de sus raíces celtas. Una línea que reúne a Pwil, la leyenda del Santo Grial y Sir Percival en la misma mesa. Además de Murguía y Brañas, muchos fueron los autores que refrendaron el pasado celta del norte de España, que es ignorado por ciertos historiadores con evidentes connota-

Una breve introducción a la cultura celta

ciones políticas. Vicente Risco escribía en 1930: "Galicia tiene una raza, un fondo étnico, diferente al del resto de la Península en su origen, estrechamente unido a los pueblos pre-célticos y célticos de Irlanda, Gales, Bretaña y Norte de Portugal, en tiempos prehistóricos…" [1] Y en 1974, Ramón Piñeiro afirmaba: "Prescindiendo de todas las etapas paleolíticas, de las que se tiene aún poco conocimiento, la primera gran cultura que aparece en Galicia fue la megalítica, que se extendió desde el Miño hasta Escandinavia. Una segunda época cultural importante fue el periodo de bronce, en el que toda la actividad minera y exportadora de minerales de tiempos anteriores se transforma en vigoroso desenvolvimiento metalúrgico. Se exportan armas, utensilios y joyas a Bretaña, Holanda y Dinamarca. La tercera gran etapa de evolución cultural de Galicia fue la llamada de los castros, que se corresponde con la edad de hierro. Sobre ella ejerció su influencia la invasión, o mejor dicho invasiones celtas, que llegaron a Galicia a través de la Península, que previamente habían ocupado. En Galicia ya se habían asentado con anterioridad otros pueblos indoeuropeos pre celtas…" [2]

Estos comentarios de ilustres estudiosos no solo rescatan el carácter celta del pueblo gallego, sino la intercomunicación entre los distintos pueblos y el extenso territorio que ocupaban. De hecho, en términos históricos, una de las posibles rutas utilizadas por Santiago el Mayor para llegar a España en su viaje a Finesterre fue la usada habitualmente para el transporte de minerales hacia Asia Menor.

Y aun hoy, al promocionar la ruta vikinga europea (Catoira en Galicia, Frederikssund en Dinamarca y Watchet en Inglaterra) se hace hincapié en el intercambio cultural desde muy antiguo entre estos pueblos. Intercambio, claro, que incluía las costumbres gastronómicas.

La cultura de los castros, cuyo núcleo central se encontraba en Galicia, seguía hasta Navia por el este y llegaba al Duero por el sur. Precisamente el nombre "duero" proviene de la palabra celta "durius" o "duria". En gaélico "dohlar" quiere decir agua y lo mismo significa "dobur" en irlandés antiguo. Otras palabras celtas que se conservan en tierra gallega son "chan", "burgas", "antollo", y varias más.

Los fenicios, que se internaban en la península ibérica a través de sus ríos para comerciar, cazaban y comían los rudimentarios guisos de los agresivos nativos. Y dejaron documentos que permiten saber, por ejemplo, que en la región del río Duero, los lusitanos preparaban guisos de carne muy condimentados, usando como excipiente el unto del cerdo. Comían especialmente carne de macho cabrío que sacrificaban con un complicado ritual y acompañaban las comidas con unas tortas cocidas a las brasas y confeccionadas con bellotas secas, trituradas y molidas, parecidas a un pan duro y correoso, que se conservaba mucho tiempo. A semejanza de cántabros y astures, se sentaban en bancos construidos alrededor de las paredes, alineándose según su rango.

Las vasijas con los alimentos circulaban de mano en mano (costumbre que se mantuvo con pequeñas variantes hasta la Edad Media en todo Occidente) y al llegar el momento de las libaciones los hombres bebían y danzaban al son de flautas, saltando y agitándose hasta caer de rodillas, finalmente rendidos por el cansancio.

En la gran mayoría de las casas castrejas se encendía el fuego directamente en la tierra, poniendo alrededor piedras para evitar la dispersión de brasas o para apoyar los pucheros (ollas rudimentarias). En algunas casas había lugares especiales para el fuego: los hogares. En ocasiones se situaban en el centro de las habitaciones, aunque en general se encontraban junto a la pared. Fuera de la vivienda podía haber hornos para hacer pan, para fundiciones de metal o para fabricar utensilios y recipientes de cerámica. También se conoce la existencia de algunos hornos instalados en los vestíbulos para hacer pan.

Entre los celtas de Galicia llama la atención la escasez de hornos, que contrasta con la abundancia de molinos, lo que hace pensar que los hornos fueron de intenso uso comunitario, justificando la fama de grandes panaderos que tenían los celtas en la antigüedad.

Las recetas de este libro

Por supuesto, cuando me propuse escribir sobre cocina celta tenía en claro que no lo haría desde la perspectiva del investigador sino desde mi condición de cocinero gallego. Ser cocinero me permitió seleccionar y recrear recetas que se basan en productos indudablemente utilizados por los celtas; elaborarlas y comprobarlas con el método antiguo, esto es, cerca de los fogones, sentado a la mesa, degustando cada plato y verificando que se adecuan perfectamente al paladar moderno. Que soy de los que aman ver un plato reluciente por obra y gracia de la miga de pan insaciable.

Mi condición de gallego hizo que prestara atención a la presencia celta en el territorio llamado Gallaecia por los romanos, que seguramente lo denominaron así por ser ese el término utilizado por los nativos. Esta mirada plantea una perspectiva original, si se piensa que la mayoría de los libros sobre cultura celta se basan en las ricas leyendas irlandesas o escocesas.

Al no contar con recetarios, investigué fórmulas aún en uso en países con ascendencia celta (desde Irlanda hasta el Asia Menor, y desde Galicia hasta Polonia y Rusia, ya que en el siglo XX a.C aparecen símbolos y figuras esquemáticas relacionadas con la cultura celta en megalitos encontrados en lugares tan disímiles como España, Escandinavia, Rusia e Italia), intentando imaginar desde mi profesión qué y cómo comerían en épocas pre romanas y anteriores al descubrimiento de América, que revolucionó las gastronomías europeas con el aporte de numerosos productos, al punto de convertir en titánica tarea la búsqueda de recetas que no recurran hoy, por ejemplo, a la papa, al pimiento o al tomate. De

todas maneras, no pensé ni por un minuto en un libro de cocina arqueológica. Por lo contrario, cada plato contiene productos que se consiguen fácilmente en el mercado, y se elaboran con procedimientos sencillos para que estén al alcance, también, de cocineros no profesionales. Pero, no hay que olvidar que la cocina no es una ciencia exacta sino un arte, "arte de la gran paciencia" según el refrán popular. Y en ese contexto el libro constituye una guía para aquellos lectores que se interesen por sumergirse en fórmulas actuales pero de origen milenario, fórmulas que se mantienen vigentes en el seno de diferentes pueblos que se vinculan en una cultura común; lectores que estén interesados en llevar a la práctica platos sencillos y sabrosos añadiéndoles su toque e intuición personal, ya que la propia vivencia ante el fogón es intransferible y determina de forma decisiva el éxito o fracaso de la comida que se prepara.

Muchas personas, al enterarse de mi intención de escribir un libro de cocina celta, se mostraron escépticos por el resultado final basándose en la certeza de la inexistencia de tal cocina y de la falta de recetarios. Yo recordé que la falta de partituras no fue obstáculo para que muchos artistas comenzaran, hace un par de décadas, a crear obras de "música celta". Es que para determinar quién fue el inventor de la primera salsa no necesitamos una referencia escrita sino usar la imaginación y pensar en el primer hombre que diluyó unos granos de sal en su boca y se sintió atraído por el nuevo sabor. Él fue el inventor de la salsa, la sazón, el condimento.

Intuimos que el primer guiso se elaboró, antes de la invención de un recipiente adecuado, sobre el cuero de un animal atado a cuatro estacas y puesto con agua, carnes, verduras y legumbres sobre el fuego.

Sólo nos hace falta rastrear en leyendas y mitos para hallar los productos utilizados en esos primitivos guisos.

De hecho, quienes se sorprenden ante la belleza de ciertas pinturas rupestres, posiblemente ignoren que este arte fue un subproducto de la recién adquirida habilidad culinaria del hombre primitivo. Efectivamente, estos hombres utilizaban para pintar materiales que obtenían con sus guisos (grasas animales, sangre, albúmina de los huevos, etc.) mezclados con pigmentos vegetales y ocres minerales que abundaban en las cuevas que constituían su hábitat natural.

No es casual que se mencione en las leyendas celtas a los jabalíes sagrados, una referencia directa a la dieta habitual del pueblo que originó ese mito.

Cuando en la mitología griega se menciona a Hércules robando un buey al rey de los tartesios, se indica indirectamente que ese pueblo asentado en la Península Ibérica (con el que los griegos y fenicios comerciaron intensamente) poseía enormes rebaños de ganado y ricas minas de oro.

Emil Durkheim decía que "una religión, o cualquier sistema comparable de creencias y valores (en este caso la mitología) proporciona la clave para la comprensión de la relación entre el individuo, su entorno y la sociedad en que está inmerso…" [3]

Un poco de historia

L os celtas eran gente hospitalaria, afectos a las fiestas y a la buena comida, a las bebidas, a la música, al baile… y a las peleas. No constituyeron una nación ya que eran absolutamente individualistas y amantes de la libertad.

El término "celta" fue acuñado recién en el siglo V a.C por los historiadores griegos y romanos que no sabían cómo identificar a un grupo de tribus de bárbaros, arrogantes y belicosos, que se habían asentado en los territorios centro occidentales de Europa. Estos pueblos, organizados en tuathas o clanes, eran intrépidos guerreros, ¡y guerreras! Julio César, admirado por la resistencia que ofrecían a sus disciplinadas legiones, escribió: "una hembra celta iracunda es una fuerza peligrosa a la que hay que temer, ya que no es raro que luchen a la par de sus hombres, y a veces mejor que ellos". [4]

Hay eruditos que afirman que los términos "celta" y "galo" en realidad derivan del hebreo (idioma conocido por griegos y romanos) y quieren decir "hombre que vive en las sombras", en el primer caso, y "hombre que va emigrando detrás de sus cabañas", en el segundo.

La primera vez que se menciona a los celtas es en el *Tratado de Geografía* de Hecateus de Mileto, que en el siglo V a.C afirmaba que la actividad de los celtas comienza en el siglo IX a.C en Europa Central y luego en sucesivas oleadas, es cuando invaden las Galias, cruzan los Pirineos para instalarse en el norte de la Península Ibérica y en el siglo IV a.C llegan a Italia y se apoderan de Roma en la batalla de Allia. Por el oeste alcanzan Grecia y luego Asia Menor. Se han encontrado indicios de su cultura en Irán, Irak, Rusia, Polonia, Dinamarca y otros países que demuestran la movilidad de estos guerreros. La razón por la que hoy se asocia el término "celta" con Irlanda o Escocia se debe a una serie de acontecimientos históricos. En el siglo III a.C, la cultura celta comenzó su declinación al ser atacada por los germanos que se expandían hacia el sur y por los romanos que avanzaban rápidamente hacia el noreste. Uno de los clanes más afectados fue el de los Boii, que fueron desalojados de la región de Bohemia por los germanos, por lo que se refugiaron en los actuales territorios de Albania, Hungría y Yugoslavia, pero fueron atacados por los dacios y debieron retroceder hasta las Galias.

En el siglo I a.C Julio César, en sus *Comentarios sobre la guerra de las Galias,* identificaba a varias tribus de galos. Las principales eran los Helvéticos, en la actual Suiza, los Seguani y los Lingonis más al oeste, los Arveni en la región francesa de Auvergnes, los aguerridos Audui entre los ríos Loire y Saone, los Bituriges a lo largo del valle del Loire, los Cantae y Arrebates en Suiza y los Belgae y Durotriges en Bélgica y Holanda.

A finales del siglo I a.C Julio César venció a casi todas las tribus celtas y envió dos expediciones a las islas Británicas que regresaron derrotadas por los Dumnonii en Cornwall, los Dobuni en la ribera del Támesis y los Ordovicios en Gales.

En el 52 a.C una coalición de tribus lideradas por Vercingetórix se reveló contra los romanos, pero fueron derrotados en la batalla de Alesia, que puso fin a la dominación celta en la región. A partir de entonces, con la pérdida de la mayoría de los territorios continentales, la tradición celta se vio reducida a Irlanda, las Tierras Altas escocesas, la Bretaña francesa y otros puntos aislados que conservaron ciertas tradiciones hasta bien avanzada la Era Cristiana.

Un pueblo místico

Los celtas creían profundamente en sus mitos y leyendas. Los encargados de mantener vivas las creencias y tradiciones, como así también de oficiar las ceremonias religiosas y rituales místicos, eran los druidas, cuyo nombre deriva del gaélico "daur", roble o encina, y "dain", vidente o sabio, o sea, "los conocedores de los misterios del roble".

De todas maneras, los celtas no se denominaban a sí mismos con ese nombre, sino que se consideraban "irish gaëls", "scout gaëls", "brethons", "welsh", "brythons", etc. Y es posible que antes de su contacto con los romanos, que los llamaron galos, sólo se identificaran con el nombre de su clan.

Se trataba de pueblos esencialmente místicos y mágicos, es decir que lo fantasioso de sus leyendas convivía naturalmente con la realidad. Su cultura admitía que los hechos cotidianos siempre tenían una contrapartida mágica, en la cual no es de extrañar que los dioses se encarnen en forma de animales o de seres humanos con poderes sobrenaturales. Para los celtas el mito determina la estructura y el ordenamiento del Universo, mientras que la magia rige los acontecimientos de la vida cotidiana. Como ejemplo, tenemos el nacimiento del rey Arturo, protagonista de una de las sagas bretonas más conocidas, escrita en el siglo XII (Godofredo de Montmouth la menciona por primera vez en su *Historia Regum Britanniae*).

Cuando los sajones, luego de la retirada de los romanos, se apoderan de Britania en el siglo V, el rey Voztigern debió huir a Gales y conoció a un joven mago llamado Merlín que auguró la llegada de un príncipe que liberaría Britania, pero antes Voztigern sería asesinado. Como fue vaticinado, el Gran Caudillo (Uther Pendragón) logra victorias parciales contra los sajones y se establece en el trono. Pero durante un banquete en Londres, Uther conoce a Igerna, esposa del duque de Gorlois, y se enamora de ella. Merlín, usando sus poderes mágicos, lo convierte en un doble del duque (lo que nos recuerda el mito griego de Anfitrión) para que se acueste con la bella duquesa. Ésta concibe a Arturo, quien será, en definitiva, el salvador de Britania después de confirmar su derecho real arrancando una espada mágica (Excalibur) de un yunque apoyado en una gran roca.

Las festividades celtas

Prácticamente todas las fiestas celtas se asocian con la comida, las bebidas, la sexualidad y la guerra.

En sus relaciones de pareja, daban prioridad a la familia y no concedían demasiada importancia a la virginidad. Al contrario, se estimulaba la actividad sexual, especialmente en la fiesta de Cyann, y consideraban a los niños concebidos en ese lapso como protegidos por los dioses.

Según la tradición, los responsables de despertar las inquietudes sexuales entre los jóvenes eran las sidh (hadas) y los leprechauns (duendes), quienes los incitaban a marchar hacia el bosque para allí pasar juntos los días.

Los celtas celebraban la vida desde su convivencia con la muerte. Y terminaban su jornada comiendo, bebiendo y desfalleciendo en medio de bailes frenéticos. También festejaban el triunfo permanente del día sobre la noche en que vivían (recordemos que en su calendario lunar no contaban los días sino las noches). Como ejemplo, podemos recordar Beltayne, literalmente "fuego de Bel", también conocida como "fiesta de mayo" por celebrarse durante la noche del 30 de abril al 1º de mayo, o "fiesta del amante" por sus características. Beltayne es uno de los cuatro festivales celtas del fuego y en su transcurso lo encendían e ingerían comida fría para que todos los fuegos estuvieran fuera del cuerpo. También conducían al ganado a través de dos fuegos para purificar la manada.

La festividad estaba consagrada al dios Belenos y a la Madre Suprema que, al acoplarse, traían nueva vida a la tierra.

El uso del poste de mayo también tiene implicancias sexuales, ya que tiene directas referencias fálicas y las cintas que se atan a la guirnalda conectan a los celebrantes con la diosa. Mientras que los amantes bailaban alrededor del poste, la guirnalda descendía simbolizando la unión sexual y la continuidad de la vida.

Si recorremos rápidamente las festividades celtas veremos que los alimentos y las hierbas tradicionales se encuentran presentes en los platos que rescatamos. Así, durante el Imboloc, que se celebra el 2 de febrero y que es una fiesta que recuerda el crecimiento y la renovación, la unión del dios y la diosa, y la fertilidad, se consumen calabazas, semillas de girasol, panes, leche, quesos, cebolla, ajos, pasas, pimienta, albahaca y laurel. El 21 de marzo, al celebrar en Albaneier que el joven sol se une a la virginal

diosa para que conciba, los símbolos son el huevo y el conejo (tomados por el cristianismo para la Pascua) y los alimentos preferidos: leche, quesos, calabazas y aceitunas.

Como ya dije, en la festividad de Beltayne, el 1º de mayo, se cazaban liebres y se ofrecía el ganado a los dioses, celebrándose banquetes alrededor del fuego, que se encendía debajo de árboles sagrados. Y se preparaban comidas frías para asegurar que todos los fuegos estuvieran fuera del cuerpo. El 21 de junio se comían frutas frescas y comidas con tomillo, limón y otras hierbas, para celebrar el Al Ban Herwin.

Manzanas, granos, panes, uvas, peras, endrino, se consumían el 31 de julio para el Lughnasadh, día en que se realizaban los juegos fúnebres de Lugh, el dios irlandés del sol.

Para honrar al dios del bosque, los druidas ofrecían libaciones con sidra y vino durante Maboro, el 21 de septiembre. Y comían bellotas, panes, manzanas, granadas, zanahorias y cebollas.

La última noche del año celta, el 31 de octubre, en Samhain, se acostumbraba consumir calabazas, manzanas, nabos, carne de vaca, cerdo, aves, menta, nuez moscada y pimienta. Y en la noche más larga, el 21 de diciembre, festejaban el Yule Lore, el renacimiento del sol, con galletas, tortas, cerveza, cordero, azúcar, nuez moscada, manzanas asadas y jengibre.

Prácticamente todos los alimentos, bebidas y condimentos mencionados se encuentran en las recetas seleccionadas para este libro, constituyendo una referencia indiscutible de las más puras tradiciones celtas conservadas en sus festividades. Así, en el país de Gales el puerro es casi un símbolo nacional, junto con la trucha salmonada (*sewin*) y la avena. No quiero dejar de mencionar que entre la abundante carne de caza del continente europeo no faltaban los osos. Con buen criterio, no incluimos su carne en ningún plato, aunque sí se encuentra en las primitivas recetas de la popular ensalada rusa.[5]

Arpa, gaita y cocina celta

Tal vez se pueda intentar una reconstrucción del camino que siguieron los pueblos celtas hasta Europa si seguimos el itinerario de sus dos instrumentos musicales emblemáticos: el arpa y la gaita.

Hay muchos grabados y frescos en la Mesopotamia y Egipto que muestran instrumentos parecidos al arpa. También en Grecia, China, Asiria, Persia.

Las leyendas celtas mencionan el arpa, pero una de sus primeras representaciones gráficas se encuentra en una cruz escocesa del siglo VII.

Alrededor del año 1000, primitivos modelos del arpa celta se difunden por Irlanda, Escocia y Gales. Pero cuando los ingleses comienzan a usar su poderío bélico e invaden a sus vecinos, ven que los "bárbaros" reyes y señores irlandeses acostumbran compartir la mesa con juglares, arpistas y siervos. Ante la persecución a que son sometidos, los bardos y arpistas se refugian en Escocia, donde reyes como Jaime I tocaron el arpa céltica.

Entre 1494 y 1503, muchas compañías de arpistas ingresaron en las Tierras Altas, y a los pocos años cada clan tenía su propio arpista.

Sin embargo, a fines del siglo XVII, el arpa fue remplazada gradualmente por la gaita escocesa. Entre 1650 y 1660 Cromwell ordena destruirlas, como así también la *Highland bagpipe*[6], ya que eran consideradas símbolos de la sublevación contra la Corona.

Y no olvidemos que las leyendas irlandesas hablan del bardo gallego Amerguin y su arpa, cuya figura se emparenta con el mítico Breogan.

En cuanto a la gaita, instrumento asociado en la actualidad sólo con las llamadas naciones celtas; la mayoría de los investigadores y musicólogos señalan también a la Mesopotamia como el posible lugar de su origen (curiosamente una receta de empanada de codornices, similar al tradicional plato gallego, fue encontrada en unas tablillas en Babilonia). F. W. Galpín afirma que los sumerios poseían este instrumento, que luego pasaría a la India, Persia, Grecia, Roma y más tarde hacia Galia y Britania[7]. Y el escritor griego Aulus Gellis sostiene que la gaita era usada por el ejército espartano para mantener la moral y la disciplina en los frentes de combate, costumbre heredada del antiguo Egipto[8]. Hasta Nerón sabía tocar la "tibia Utricularis" como se conocía al instrumento en su época. En Galicia, según Faustino Santalices, la gaita era conocida en el siglo VII, traída por los pueblos celtas[9].

La cocina celta llega a Europa siguiendo el mismo camino que estos instrumentos, y es recién en la Edad Media que se empiezan a desarrollar las llamadas cocinas nacionales que utilizaremos como base de nuestro recetario.

Con el incremento de las comunicaciones se llegó al conocimiento mutuo y progresivo de los pueblos y con este conocimiento se infiltraron las recetas extranjeras. Estas recetas fueron adaptadas por cada pueblo con resultados diferentes y a veces sorprendentes. Ello explica que, como el folclore, existen platos –que con ligeras variantes– se repiten en distintos países.

Sucede que algunos platos tienen orígenes inesperados. La mayoría de las culturas primitivas consumieron vísceras y elaboraron embutidos, pero llama la atención la metamorfosis que sufrió el actual *pudding*.

Homero lo cita como una tripa rellena de sangre[10]. Apicio refinaba el relleno con grasa de riñón, piñones y almendras[11]. Llamó a su creación "botellas", antecedente del "budino" italiano que en Francia se convirtió en "boudin", especialidad tan navideña como su hermano inglés. En el año 1390, el cocinero de Ricardo II no menciona el *pudding* en su libro de 200 recetas[12], por lo que se supone que el mismo se empezó a elaborar en el siglo XV en la cocina campesina de Irlanda. Todavía en el siglo XVI se cita el *pudding* como comida aldeana.

El *plum-pudding*, antecesor del *Christmas-pudding*, tiene su versión antigua ya que Póllux, maestro del emperador Cómodo, y Aristófanes de Bizancio, mencionan un plato dulce parecido[13]. En aquella época, la mezcla de harina, manteca, leche, huevos, quesos, sesos y miel enrollada en hojas de higuera era muy popular.

A fines del siglo XIX existían libros con más de mil recetas de *pudding* y la mayoría de las amas de casa inglesas estaba orgullosa de "su" receta de este plato, el que –dicho sea de paso– suele esperar empaquetado en un lugar fresco y seco el día de la celebración.

Se dice que un excelente cocinero convierte los sentimientos en un buen caldo. Y está claro que un artista de la cocina combina los insumos que tiene a mano para lograr sabrosos manjares como un mago lo hace con ciertos ingredientes para elaborar sus infalibles pócimas mágicas. Aunque tal don puede resultar peligroso si nos atenemos a un cuento que menciona Picadillo y que se refiere a la mujer del Chosco de Lazin, tan sabia cocinera como inocente esposa[14]. El Chosco de Lazin tenía la mala costumbre de obsequiar a su mujer con feroces palizas, y cuando le preguntaban la causa de su proceder, respondía: "Señor, le pego porque el caldo que hace es muy bueno."

La respuesta, absurda, se basa en el amor que la mujer pone al elaborar su caldo.

Al Chosco le gustaba el caldo, y no concebía que tuviera buen sabor si en su preparación no se habían utilizado buenas materias primas como, por ejemplo, berzas, grelos, huesos de jamón, chorizos, una oreja y un trozo de carne de ternera… Pero sucede que estos elementos no están en su cuenco, ya que su señora se las ingenió para darle sabor al caldo con la sabiduría heredada. Conclusión: el Chosco piensa que su mujer comió las cosas buenas y le dejó el líquido. Por eso le pega, intuyendo en la paliza un acto de justicia.

Tradición y materias primas de la cocina celta

S i hablamos de cocina celta, ya aclaré que no contamos con recetarios escritos, pero sí está documentado el carácter de estos pueblos y especialmente los ingredientes que utilizaban para cocinar, muchos de ellos considerados sagrados o con un alto simbolismo religioso. A ello le sumamos recetas y costumbres gastronómicas que tienen vigencia en las naciones de origen celta (Irlanda, Escocia, Gales, Bretaña, Galicia, Cornuailles e Isla de Man). Muchos platos, con ligeras variantes, se repiten en distintos países de Europa Central, Escandinavia y Asia Menor.

Las materias primas básicas son el cordero, el cerdo o jabalí, la carne vacuna (el toro era considerado sagrado), Plinio el Viejo escribe: "…en los bosques de encinas tienen los druidas sus santuarios y no realizan ningún rito sagrado sin hojas de encina. Creen que el muérdago sagrado que crece sobre su corteza revela la presencia del dios en ese árbol, por lo cual lo recogen con gran devoción y ceremonia. Tras haber sacrificado dos toros blancos, el druida mayor, vestido con su túnica blanca y descalzo, sube al árbol y corta con una hoz de oro el muérdago que envuelve en un paño igualmente blanco…" [15], el salmón (como testimonio de la abundancia de pescado en tierras escocesas, se conservan los convenios firmados por los aprendices de oficios que estipulaban claramente que éstos se podían negar a comer salmón ahumado más de dos veces por semana, a diferencia del emperador romano Tiberio que comía todos los días un salmón fresco cocinado en miel y vino, untado con ajo y servido por bellas esclavas desnudas, en un inútil esfuerzo por recuperar su potencia sexual), carne de caza (ciervos, liebres, osos), mijo, avena, cebada, bellotas, trigo, verduras, legumbres, frutas frescas y secas. Bebían leche, cerveza, vino y un rudimentario whisky. Usaban grasa de cerdo y manteca. Conocían el queso y fabricaban jamones. Utilizaban sal y mostaza seca. Posiblemente comieran carne de caballo. Al menos, una leyenda irlandesa recogida por el historiador Giraldus Cambrensis, clérigo en el 1200, asegura "…al comienzo de la ceremonia de coronación, el futuro rey simula una cópula simbólica con una yegua blanca, que luego es sacrificada y hervida. El heredero del trono se baña en el caldo, bebe de él, y come la carne del animal. De esta forma, el rey obtiene la fertilidad necesaria para asegurar a su pueblo un heredero varón." [16]

Por supuesto, ciertos productos de origen americano como la papa (base de la dieta irlandesa) que se encuentran en muchas recetas celtas, llegaron recién en el 1600 de nuestra era, para reemplazar o combinarse con las castañas y los nabos.

Como afirma el gran gaitero Carlos Núñez, refiriéndose a la música de esta cultura: "es una forma de hacer música, un lenguaje común que se fue creando desde hace unos años de manera natural. La música celta no quiere decir que los celtas hayan hecho esa música en épocas primitivas, no, no tiene nada que ver con el testimonio que las naciones celtas generaron históricamente. Podemos decir que el origen es un mito, como el Camino de Santiago. Ahora, es un lenguaje común que poco a poco nos permite conocernos mejor a galeses, escoceses, bretones, con un instrumento unificador: la gaita" [17]. En referencia a este parentesco entre las naciones celtas y materias primas similares utilizadas en sus comidas, el escritor y gastrónomo gallego Álvaro Cunqueiro, autor entre otros libros de *Merlín e Familia* y *Crónicas del Sochantre* ambientados en la Bretaña armoricana, explicaba que pudo describir esa región sin salir de su tierra porque "en realidad el campo, y las ciudades, los ríos y los vados, los caminos y las ruinas las he pintado del natural, de la tierra mía, Galicia, siendo ambos, el bretón y el galaico, reinos atlánticos, finisterres, parejos en flora y fauna y provincias lejanas…" [18]

Durante la Edad de Bronce, muchos europeos, como las víctimas de sacrificios humanos descubiertas en Dinamarca, habían comido gachas[19] de diferentes cereales. Pero Escocia fue el único país donde la comida a base de gachas se mantuvo como un rasgo básico de la dieta alimentaria. Los escoceses prefirieron defender la harina de avena y comérsela

en forma de gachas o asándola para formar una especie de torta. En Irlanda también han persistido hábitos alimenticios muy antiguos. Y hasta el mismo siglo XVI los irlandeses continuaron guisando la carne de vaca en su propia piel sobre un fuego encendido al aire libre. Por otra parte, mientras en el resto de la Europa del Norte se generalizó el consumo de cerveza, los irlandeses siguieron bebiendo grandes cantidades de leche.

Basado en todos estos datos, he tratado de elaborar o recrear recetas pensando que serían del agrado de Ian Mc Carell, Cu Chulain, Arturo, Ginebra y Lancelot. Sintiéndome en Camelot o en la Isla de Avalón, imagino a Merlín otorgándole poderes mágicos a los ingredientes utilizados, especialmente el jabalí (preferido de los guerreros), el sagrado toro, el ciervo, el salmón, el ajo (del celta "all"), el perejil, el laurel (aconsejado por los druidas), o las manzanas de las tierras de Morgana. No en vano el personaje imaginario "creco" o "coco" (del latín "cocus", cocinero) en los países centroeuropeos habitaba en las cocinas. Y se asociaba a los magos y brujas con elementos propios del arte de cocinar: morteros, calderos, cocciones diversas como la inventada por María la Maga (baño María).

En resumen, partiendo de conceptos básicos como "los pueblos comen según su alma" o "un plato dice más de una civilización que cualquier vestigio arqueológico o un escudo de armas", he intentado un acercamiento a la cocina celta basándome en modestos conocimientos gastronómicos acumulados en más de treinta años de ejercer este arte cerca de los fogones, del fuego sagrado que arde desde el instante preciso en que el primitivo "homínido" transformó, con su ayuda, el alimento propio de otras especies en comida adecuada para él.

La comida como placer y celebración

Uno de los conceptos comunes a todas las tribus del continente europeo, era el de la vida después de la muerte. Los druidas enseñaban el principio de la transmutación de las almas y preparaban a sus seguidores para la próxima reencarnación. Esta doctrina estaba tan arraigada en la tradición celta que, invariablemente enterraban a sus muertos bien provistos de alimentos, armas y ropas para proveer a su alma mientras encontraba un nuevo cuerpo que habitar.

El Más Allá, o espacio en que el alma esperaba su nuevo cuerpo, estaba ubicado en unas cavernas subterráneas o en unas islas lejanas que los hombres jamás podrían hallar mientras estuvieran vivos. Los belgas y helvecios llamaban a este lugar "tierra de la vida eterna", los bretones y aquitanos lo mencionaban como las "praderas eternas", los galos transalpinos lo imaginaban como el "país de la eterna juventud", mientras que gálatas y danubios creían que era un "paraíso intermedio".

Los *irish* y *scout gaël*, pensaban que los distintos planos de la transmutación estaban simbolizados por la imagen (muy conocida) de tres círculos concéntricos. Estos círculos eran, desde adentro hacia fuera, "Awbreds" (que significa, indistintamente, centro y comienzo), "Gwynneth" (pureza) y "Kawgint" (espacio infinito o cielo).

Estas creencias no solo los convertían en guerreros temibles, ya que despreciaban a la muerte –seguros de una vida regalada llena de placeres, comida en abundancia y mujeres hermosas–, sino que los incitaba a vivir noche a noche como si fuera la última. A la hora de comer y beber no tenían límites y procuraban que los banquetes fueran frecuentes con el único objetivo de conquistar las sensaciones más placenteras. Si nos admiramos ante los diseños de sus joyas, ¿qué nos hace pensar que no pondrían el mismo cuidado en la elaboración de sus manjares?

Si alguien desea emular a los celtas al degustar alguna de las recetas de este libro sugiero dejar de lado los cubiertos, acompañar la comida con abundante pan casero, muchos amigos y ganas de divertirse libando a la salud de los dioses que, como es sabido, están entre nosotros desde los tiempos del primer druida y mucho antes. Son los "sidhe", o "gente de paz" que componen el mundo con los humanos sin que éstos los vean, o las "mouras" y "mouros" que viven en cuevas y en el subsuelo acechando la vida de los campesinos gallegos. Se puede intentar un emocionante viaje al pasado utilizando cortes, presentaciones y una forma de comer "primitiva", o refinar los sabores combinando algunos ingredientes con otros no utilizados por los celtas. Así, el sabor característico de la manteca de cerdo utilizada en las frituras y fondos de cocción puede mantenerse, combinarse o suplantarse por aceite de oliva. Algunas especias no tan comunes en los guisos, como la canela, pueden eliminarse de ciertas fórmulas sin que éstas pierdan cualidades ni alteren el resultado final de las recetas (ver **El ABC del cocinero celta**). Me he permitido la licencia de ordenarlas siguiendo el criterio moderno de entrada, plato principal y postre –que los celtas no tenían en cuenta–, para comodidad del lector, aunque podría haber fijado un orden a partir de la presencia de ciertas materias primas, que de acuerdo a las leyendas y referencias de historiadores y arqueólogos eran utilizadas frecuentemente por los celtas; o por sus métodos de cocción.

Poco es lo que cambió en la historia de la gastronomía en los últimos cuarenta siglos. De hecho, los principales métodos de cocción son los mismos desde las remotas noches del Neolítico. Por eso, cuando preparo un jamón asado, lo adobo y rocío sobre su carne una copa de buen brandy, me asalta el instinto primitivo de tomarlo con las dos manos para morder con deseo un trozo de carne jugosa sin reparar en las consecuencias ni preocuparme por la opinión que se tenga de mi salud mental.

Que tengan todos buen provecho

Notas

1– Martínez Risco, Vicente, *El problema Político de Galicia,* Consejo Superior de Investigaciones Científicas, Madrid, 1930.

2– Piñeiro, Ramón, *Gran Enciclopedia Gallega,* Fournier, Santiago de Compostela, 1974.

3– Durkheim, Emil, *Las formas elementales de la vida religiosa,* Schapire, Buenos Aires, 1968.

4– César, Julio Cayo, *La guerra de las Galias,* citado en *Los Celtas,* R. Reinolds, R., Continente, Buenos Aires, 1999.

5– Ingredientes de la ensalada rusa citados en *La Cocina Completa,* Marquesa de Parabere, Espasa–Calpe, Madrid, 1990: zanahorias, nabos, guisantes, judías verdes, espárragos, coliflor, remolacha, setas, papas, lengua a la escarlata, jamón de oso cocido, pechuga de ave, langosta, caviar, salmón ahumado, salchichón, trufas, pepinos en salmuera, mayonesa y pimienta de cayena (la autora aclara que no consigna todos los componentes de la auténtica ensalada rusa).

6– Gaita de las Tierras Altas (Escocia), el episodio está citado en *Instrumentos Musicais Populares Galegos,* Universidade Popular do Concello de Vigo, 1985.

7– Op. cit. 6.

8– Op. cit. 6.

9– Op. cit. 6.

10– Homero, citado en *Historia de la Gastronomía,* Schraemli, Harry, Destino, Barcelona, 1982.

11– Apicio, Marco Gavio, *Arte culinario,* 1ra. Ed. Francesa, París 1933.

12– *Forme of Curry* (1390).

13– Op. cit. 10.

14– Picadillo, *Cociña Popular Galega,* Xerais, Vigo, 1993.

15– Plinio el Viejo, *Historia Natural,* citado en *De Luculo a Escoffier,* Schraemli, Harry, Destino, Barcelona, 1952.

16– Op. cit. 4.

17– Entrevista con el autor, octubre 2003.

18– Cunqueiro, Álvaro, *Crónicas del Sochantre,* Salvat, Navarra, 1971.

19– Sopa espesa que se elabora cociendo harina (generalmente de avena) en agua o caldo. La palabra "puchero", procede de "puls", sustantivo latino que significa "gachas". De "puls" procede la palabra "polenta" que en la época clásica se elaboraba con harina de cebada y luego del descubrimiento de América, con la de maíz.

Leyenda del Pozo Bastón (Galicia)

Estaba un campesino de Araño sirviendo como soldado en África, cuando se le apareció un hombre y le preguntó de dónde era. Cuando el soldado se lo dijo, el extraño le preguntó si sabía dónde estaba el Pozo Bastón, ya que allí tenía enterradas tres hijas. Ante el asombro del de Araño, le expresó que no tuviera miedo, que él era un ser de un pueblo mágico, un "mouro", y que le daría mucho oro y riquezas si seguía sus instrucciones y le traía a sus hijas.

Como el soldado accediese, le dio tres grandes hogazas de pan y le dijo lo que tenía que hacer al llegar al pozo encantado. Cuando volvió a su casa, dejó los molletes en la mesa y, al verlos, su mujer cortó una rebanada de uno de ellos. El campesino la reprendió severamente, pero el mal ya estaba hecho. Entonces, como le indicara el "mouro", tomó los panes y fue al Pozo Bastón. Ya allí, tiró uno de los panes al pozo y salió una muchacha bellísima. Arrojó el segundo pan y apareció otra muchacha más hermosa aún, finalmente arrojó el último, al que le faltaba una rebanada, y salió la tercera hija del "mouro". Asombrado vio que no tenía una pierna, por lo que al intentar salir del pozo resbaló y arrastró con ella a sus hermanas. Y, cuentan, todavía siguen allí esperando que alguien las desencante.

Nuestra Señora del Folgoat (Bretaña)

Un día, cuando el señor de Pouligen iba de caza, encontró una liebre desollada y un niñito muerto. Cundió la alarma y buscando a un culpable se apresa en una granja –donde viven nueve mujeres cultivando cáñamo–, a la joven ahijada de la granjera. El juez la condena de inmediato.

La joven se aparece en sueños a su padre lavando unos manteles blancos, símbolo de su inocencia, y le pide que peregrine hasta Folgoat y pida a la virgen María por su vida.

El día del ajusticiamiento, cuando la muchacha llega a la plaza de Folgoat entre dos arqueros y el verdugo, todos los presentes lloran al ver su rostro angelical y más aún cuando oyen su ruego: 'ese niño no era mío, soy inocente…'

En vano la madrina ofreció plata para que la liberaran. Cuando el juez se disponía a cenar, el verdugo la colgó. Pero al cabo de un rato, éste fue a ver al magistrado y le dijo: 'señor juez, María Franchonik no se muere. Está ro-

Cuatro Leyendas y una manzana de oro

deada de fuego, se ríe con toda su alma y dice que la virgen de Folgoat la protege.´ A lo que el juez respondió: `antes cantará este capón que me creeré lo que dices´, (se refería al capón asado que estaba en su mesa y del que sólo quedaban las patas para comer).

Pero de inmediato el juez quedó turbado, ya que el capón acababa de cantar, por lo que anunció: `que suelten a María Franchonik que es inocente, y envíen arqueros a la granja de Guigourvez para saber quién es la pecadora.´

Así fue que pasaron todas las granjeras por encima de las llamas para descubrir a la que mentía y ninguna pestañeó, sólo la criada quedó atrapada en ellas.

Sean O'Rourke y el cluricaun (Irlanda)

ace ya muchos años, tantos que no queda nadie que pueda recordarlo, los `cluricauns´ eran los duendes más populares de Irlanda, donde se los tenía por reputados borrachos a causa de su afición al whisky y al mead.

Sean O'Rourke era un joven encantador, aunque su fama de bebedor sólo era comparable con la de su renuencia a pagar sus copas. Una madrugada, dirigiéndose a su casa bordeando Lough Caragh después de haber bebido todo lo que pudo a expensas de sus amigos en la noche de San Patricio, se encontró con un `cluricaun´, inconfundible por su pequeño tamaño, su sombrero de tres picos y su típico gabán. Pero para Sean fue más fuerte la tentación de aceptar el trago que le ofrecía el hombrecillo que las recomendaciones de su madre para que no tuviera tratos con duendes. Cuando el `cluricaun´ le pidió a Sean que pagara sus copas, éste se negó, enfurecido.

`Bien, –dijo el duende–, ya que te niegas a pagarme, trabajarás para mí siete años y un día, y sólo así quedará saldada tu deuda conmigo.´ Sean no pudo romper el encantamiento y siguió al duende, que para su sorpresa, se dedicaba a vaciar cuanta bodega encontraba a su paso y pedía al muchacho que lo ayudara en tal tarea. Sean pensó que después de todo no era tan malo servir a un amo como aquel. Pronto, no quedó bodega alguna del condado que se salvara de las correrías de los dos borrachines. Pero un día el duende le dijo a su servidor humano: `Sean, mañana cumplo mil años y ya es tiempo de que tome mi primera esposa. Iremos al casamiento de Bryan Shaughnessy con la hermosa Lesley Rafferty. He decidido raptarla y casarme yo con ella´. Y antes de que Sean pudiera objetar nada, por arte de magia, estaban encaramados en una de las vigas del techo de la casa donde se celebraba la ceremonia. Desde allí podían ver al sacerdote, al gaitero, a los novios con sus respectivos padres, parientes y allegados. Las tablas de las mesas crujían bajo el peso de los platos y las fuentes, de tanta comida que se había acumulado sobre ellas.

El `cluricaun´ hizo un extraño movimiento y la novia estornudó sonoramente pero todos los comensales estaban tan ocupados en comer y beber que a nadie se le ocurrió decir: `Jesús´. `¡Perfecto! –dijo el duende– si estornuda otras dos veces sin que le presten atención será mía.´ Y la escena se repitió una vez más. Entonces, Sean sintió pena por la pobre novia que tendría que casarse con un esperpento como su amo: feo, viejo y malo. Cuando el `cluricaun´ repitió el extraño gesto y escuchó el tercer estornudo de la bella, gritó: `¡que Jesús nos salve a todos!´, a lo que el duende –chillando como un gato al que han pisado la cola– respondió: `¡quedas despedido, Sean O´Rourke!´, y le asestó tal puntapié que éste cayó cuan largo era sobre una mesa.

Cuando todos se recuperaron de la sorpresa, escucharon la historia del muchacho, y el sacerdote se apresuró a celebrar la boda con Sean O´Rourke como padrino.

Y Sean se quedó a celebrar, que vino y comida no faltaban en la casa, muy contento por haber dejado de pertenecer al `cluricaun´ y prometiendo, de allí en más, tomar sólo las copas que pudiera pagar.

Cuento del pequeño Bloinigein (Escocia)

El pequeño Bloinigein había quedado huérfano y vivía solo en una gran casa. Un día vio que se dirigía hacia él una vieja enorme con un diente que parecía una vara por lo grande. Bloinigein salió disparado para su casa y se escondió. La vieja lo buscó y lo llamó, pero el niño no respondió una palabra. Pero la vieja –que era una bruja– gritó: `Bloinigein, si estás aquí sal, que te daré pan con queso.´ El niño se acercó y ella lo agarró, lo metió en una bolsa y se marchó con él. Cuando atravesaba el bosque se puso a recoger moras y dejó la bolsa en el suelo. El niño salió, puso piedras en su lugar y volvió corriendo a su casa. Cuando la bruja llegó a su cueva, la hija ya había encendido el fuego bajo el caldero y el agua hervía. La vieja, sin mirar, metió las piernas en el caldero –que se desfondó por el peso– y madre e hija se quemaron malamente los pies.

Cuando se curó y pudo caminar, fue a buscar a Bloinigein, que la vio llegar y se escondió, pero cuando advirtió que la vieja con sus soplidos dispersaba brasas gritó: `¡eh, vieja!, ¡no quemes mi casa!´ A lo que ésta respondió: `Bien, pero déjate ver. Te quiero mucho y quería mucho a tus padres.´ El niño pensó que era una mentira, pero que si no bajaba la vieja quemaría la casa de sus padres, así que salió de su escondite. Nuevamente, fue intro-

ducido en una bolsa y llevado a la cueva. Allí, la bruja lo metió en el caldero que colgó de una cadena, lo cubrió con agua y colocó la tapa. Dejó a su hija prendiendo el fuego y fue al bosque a buscar más leña. Bloinigein aprovechó su ausencia para decir: 'ı̇qué bien se está aquí en el agua calentita, qué agradable!' Sonaba tan convincente que la hija de la bruja le pidió que la dejara meterse. El niño se hizo rogar tanto que ésta casi lo sacó a la fuerza para introducirse ella. Bloinigein le dijo: 'No, así no, encógete y pondré la tapa para que veas lo delicioso que es estar allí.' Y dejó que la bruja más joven se cocinara. Cuando vio que la vieja volvía con un gran atado de leña, se escondió detrás de la mantequera. Cuando la bruja destapó el caldero y descubrió que había cocinado a su propia hija, juró matar al niño. Pero Bloinigein que estaba escuchando, tomó un gran martillo, se deslizó por detrás y le rompió la crisma. Más tarde volvió a su casa diciéndose: 'No me dieron más que una pizca de manteca sobre una brasa, una gotita de leche en una cesta, un trago en una copa sin fondo, un pedacito de pan que no estaba allí, y luego me dejaron volver a casa.'

La manzana de oro

Existió hace muchos años un jardín que pertenecía a una bruja. Allí había un árbol del que pendía una manzana de oro, y a su lado un estanque con cinco peces encantados. Un jardinero cuidaba el lugar.

La bruja tenía una hija, Pampogue, que ansiaba casarse, pero su madre no quería que lo hiciera con un hombre normal. Prisionera de la bruja se encontraba una joven de nombre Muireann, hermana de cinco muchachos convertidos en peces, todos ellos hijos del rey de España. Hag of Slaughter, la bruja, tenía terribles poderes y nadie se atrevía a enfrentarla. Pero el jardinero le prometió a Muireann encontrar a la persona capaz de terminar con los maleficios.

Lejos de allí, el rey de Irlanda, se encontraba a punto de morir. Su único hijo vivo, Rury, era el heredero del trono. En ese trance, le es anunciada una visita. El rey se entusiasma pensando que es un enviado del Rey Arturo, pero cuando ve entrar al jardinero cubierto de harapos, se enfurece. Rury impide que apaleen al hombre, que le cuenta de la existencia de la manzana de oro, escondida en un jardín en Garrdin–deared–an domhain, en el final del mundo. El jardinero afirma que la manzana cura todos los males, por lo que podría curar al rey. Pero, aclara, para obtenerla se deben enfrentar muchos peligros, incluyendo atravesar un bosque encantado donde vive el gigante Fatach Mor, amigo de la bruja y pretendiente de su hija. Rury se ofrece para encontrar la manzana de oro y de inmediato se lanza a la aventura. Llega al jardín y es allí donde Pampogue se enamora del príncipe. La bruja promete a Rury entregarle la manzana de oro a cambio de que se case con la primera mujer que le ofrezca comida, pensando en su hija. Pero Rury descubre a Muireann y se enamora de ella, advirtiéndole el jardinero que la bruja tiene muchos poderes y que debe marcharse con la manzana de oro y regresar cuando encuentre el poder necesario para enfrentarla. Así lo hace el príncipe y en el camino vence al gigante Fa-tach Mor, aunque le perdona la vida. Cuando llega al castillo, el médico de la corte le roba la manzana y cura al rey, que una vez recobrada la salud acusa a su hijo de cobarde. Pero llega el gigante que cuenta la verdad de todo lo sucedido, por lo que el soberano le pide perdón a su hijo.

Mientras tanto, Muireann es convertida en gato por la bruja, pero en un descuido el jardinero se apodera de la vara mágica y termina con los encantamientos. Muireann y sus hermanos recobran la apariencia humana y la bruja, sin poderes, desaparece. Desde ese momento la felicidad vuelve al reino de Irlanda y Rury se casa con su amada Muireann.

(Resumen del argumento de la obra *The golden apple* de Isabella Augusta Persse, conocida como *Lady Gregory*).

Es éste un libro práctico. Todas las recetas incluidas pueden ser preparadas por cocineros amateurs o aficionados. Sin embargo, una primera impresión puede hacer pensar que intentar una cocina celta en la actualidad tiene sus dificultades, que pasan especialmente por sus ingredientes no tan comunes en los mercados argentinos y por sus denominaciones distintas en España, y los países de Latinoamérica. Para superar este problema pensé en incluir la siguiente información aclaratoria:

Un glosario de ingredientes citados en las recetas: Los alimentos y condimentos reciben nombres distintos en el mundo de habla hispana. Cada país tiene sus denominaciones propias y generalmente ignora las del resto de América y España. Si bien podría haber "argentinizado" los nombres de muchos ingredientes, le habría quitado esencia céltica a las recetas, que no es lo mismo titular "Cabeza de jabalí" que "queso de chancho", o "habas blancas tiernas en leche" que "porotos pallares en leche". Trato de respetar una identidad, pero a la vez intento ser claro para que todos puedan convertirse en cocineros celtas, adhiriendo a una filosofía de vida y disfrutando como ellos de los placeres de la buena mesa.

Preparaciones básicas citadas en las recetas: Determinadas preparaciones figuran como un ingrediente más en algunas recetas. Lo he determinado así para facilitar la comprensión de las mismas. Pero toda la información necesaria para concretarlas se encontrará en este apartado.

Sustitutos de ingredientes citados en las recetas: Aun conociendo el nombre local de los ingredientes, algunos pueden ser muy difíciles de conseguir, por lo que creí conveniente indicar cómo se los puede reemplazar por otros mucho más comunes y fáciles de adquirir.

Técnicas culinarias citadas en las recetas: Para un profesional de la cocina es complicado evitar el uso de términos absolutamente convencionales en el mundo gastronómico para denominar técnicas básicas culinarias, pero que pueden ser desconocidos por el común de la gente. Para superar esta dificultad, incluí una descripción de las utilizadas en la elaboración de las recetas.

Una última aclaración: todas las recetas son para 4 personas, excepto la de Jamón asado, que rinde 60 porciones si se sirve como una entrada y 30 si la presentamos como un plato principal.

El abc del cocinero celta

Amigos, ya no quedan excusas para no preparar la auténtica cocina celta. Les aseguro que saldrán airosos en el intento, y que disfrutarán tanto como yo cocinándola… y degustándola.

Glosario de ingredientes

Calvados: aguardiente de manzanas.
Cinamomo: mirra, canela.
Col: coliflor.
Cuello de cordero: cogote de cordero.
Gambas: langostinos.
Grasa de cerdo: sebo.
Guisantes: arvejas.
Habas blancas: porotos pallares.
Habas rojas: porotos colorados.
Habas verdes: habas.
Lacón: paleta de cerdo con hueso.
Levadurina: polvo de hornear.
Manitos de cerdo: patitas de cerdo.
Manteca de cerdo: sebo de cerdo batido y refinado.
Mostaza de Dijon: mostaza en pasta francesa picante y muy aromática.
Pan de bolla: pan de trigo y centeno.
Unto de cerdo: grasa de cerdo sin refinar y curada con el humo de las cocinas.
Setas: hongos, champiñones.
Torreznos: pequeños trozos de tocino sofritos.

Preparaciones básicas

Atadito de hierbas aromáticas: la combinación clásica, también llamada "bouquet garni", incluye perifollo, ciboulette, perejil, laurel y tomillo. Siempre se retira al final de la cocción.

Caramelo: salsa dulce que se prepara llevando a hervor 10 cucharadas de azúcar, 5 cucharadas de agua y unas gotas de vinagre de manzana, hasta que tome un color dorado y una consistencia espesa.

Caldo gallego: cocinar 1 hora en 3 litros de agua un cuarto de gallina o pollo, 100 gr de panceta ahumada, 1 hueso de jamón y 150 gr de habas blancas (previamente remojadas). Condimentar con sal y cuando se esté a mitad de la cocción, agregar 300 gr de papas y 300 gr de grelos (o nabiza) cortados en trozos irregulares y pequeños. Se debe colar la preparación para obtener el caldo.

Crostones de pan frito: cubitos de pan fritos en manteca o aceite.

Masa de pan: mezclar 1/4 l de agua templada con 50 gr de levadura y una cucharada de sal gruesa. Hacer un volcán con 500 gr de harina y verter el agua preparada. Unir hasta formar una masa que no se pegue en las manos. Añadir 1 cucharada de aceite de oliva, seguir amasando y formar un bollo. Tapar con un paño y dejar levar una hora en lugar templado.

Puré de nabos: pelar 500 gr de nabos, cortarlos en trozos pequeños y cocinarlos en agua hirviendo con sal, 6 granos de pimienta y media cebolla. En media hora retirar y ubicar en una procesadora o licuadora, añadir 1/2 taza de leche y 1/2 taza de crema y procesar hasta obtener un puré cremoso.

Sustitutos de ingredientes

Carne de buey: carne de novillo.
Crema agria: yogur natural.
Confitura de mirto: confitura de cáscara de limón, cortada en juliana fina.
Grasa de cerdo: manteca.
Grasa de riñones: panceta.
Jabalí: cerdo.
Liebre: conejo.
Manteca de cerdo: aceite de oliva.
Manzana reineta: manzana verde.
Pan de mijo: pan de centeno.
Queso de oveja: queso de cabra.
Unto de cerdo: grasa de cerdo.

Técnicas culinarias

Blanquear: cocinar el producto 2 minutos en agua hirviendo para que pierda su textura original.

Bridar: atar con hilo una pieza para que conserve su forma original durante la cocción.

Cocción a baño María: la preparación en un recipiente, se introduce dentro de otro recipiente más grande que contiene agua, para su cocción al horno o sobre el fuego directo.

Cocción en horno a fuego moderado: horno de 160° a 180°.

Cocción en horno a fuego fuerte: horno de 180° a 220°.

Escalfar: cocinar los huevos en un líquido hirviente.

Espumar: retirar la espuma que se forma en la superficie de las cocciones con líquidos hirviendo.

Desalar: pasar por agua varias veces productos salados en su presentación original.

Desleir: diluir en vino o caldo especias o aromáticos machacados en el mortero.

Dorar: cocinar en una materia grasa el producto hasta que tome una tonalidad brillante y algo oscura.

Ligar: unir distintos ingredientes de una salsa mediante una cocción, hasta que espesen y se integren totalmente. Si es necesario, adicionar una cucharada de fécula de maíz o harina.

Rehogar: cocinar en una materia grasa el producto hasta que se ablande ligeramente, sin que llegue a dorarse.

Jamón asado (pata trasera de jabalí)

INGREDIENTES

1 jamón entero fresco,
  con el hueso y la piel (6 kg)
1 vaso de whisky o brandy

PARA EL ADOBO

8 dientes de ajo
3 ramas de perejil
1 cucharada de romero
1 cucharada de tomillo
1 cucharada de pimentón
1 pizca de pimienta
1 cucharada de orégano
2 hojas de laurel
100 gr de manteca de cerdo
Sal, a gusto

PROCEDIMIENTO

Preparar el adobo machacando en un mortero los ajos, el perejil y la sal. Luego, agregar el romero, el tomillo, la pimienta, el orégano, el laurel, el pimentón y la manteca de cerdo. Untar bien el jamón con esta preparación y dejarlo 24 horas para que se impregne bien con todos los sabores. Al otro día, colocarlo en una bandeja para horno y asarlo a fuego mediano unas cuatro horas. Pincharlo de vez en cuando para que se dore bien por todos lados. Rociarlo varias veces con el jugo que produce y a las tres horas bañarlo con el whisky hasta terminar la cocción.

Se puede servir caliente o frío, cortado en lonchas como un fiambre.

MANANNAN MCLLYR, REY DE LAS ISLAS LEJANAS (LAS HÉBRIDAS) EN QUE SE REFUGIARON LOS TUATHA DÉ DANANN AL SER DERROTADOS POR LOS MILESIOS LLEGADOS DE ESPAÑA, ERA PRESENTADO CON UN CASCO FLAMEANTE, UNA CORAZA INVULNERABLE, UN MANTO QUE LO HACÍA INVISIBLE Y UNA NAVE QUE CRUZABA EL MAR SIN VELAS NI REMOS. SU CASTILLO EN LA ISLA DE MAN ESTABA RODEADO POR UN BOSQUE DE ENCINAS, EN EL CUAL SE CRIABAN JABALÍES MÁGICOS QUE CURABAN Y ALIMENTABAN A LOS DIOSES Y GUERREROS DURANTE LOS FESTINES DE INMORTALIDAD.

Cabeza de jabalí

INGREDIENTES

1 cabeza de jabalí
1 codillo de cerdo
1 oreja de cerdo
2 zanahorias
1 cebolla
2 ramas de perejil
4 clavos
1 vaso de vino blanco seco
3 cucharadas de mostaza de Dijon
6 granos de pimienta negra
1 cucharadita de nuez moscada
Sal, a gusto

PROCEDIMIENTO

En una olla grande con abundante agua cocinar el codillo, la cabeza, la oreja, la cebolla cortada en cuartos con los clavos pinchados, las zanahorias enteras y el perejil. Cuando la carne esté tierna y se separe con facilidad del hueso, retirar, escurrir, deshuesar y picar la carne a cuchillo, luego disponerla en un recipiente, y sazonar con sal, pimienta, nuez moscada y la mostaza. Mezclar bien y pasar todo a un escurridor de verduras o a un molde con orificios en su base para que drene el líquido excedente, tapar y colocar algo encima con peso. Llevar a la heladera y cuando esté frío desmoldar y cortar en rebanadas.

PROPUSIERON A DIARMAID CAZAR EL JABALÍ. MIENTRAS BAJABA POR LA MONTAÑA, LA BESTIA LO PONÍA EN GRAVES APRIETOS. SUS BIEN TEMPLADAS CUCHILLAS ESTABAN RETORCIDAS COMO MARCHITOS JUNCOS. ENTONCES, DIARMAID DESENVAINÓ LA ESPADA FORJADA POR LON LIOBHAIN, LA CLAVÓ BAJO LA AXILA DEL JABALÍ Y LO MATÓ, SABIENDO QUE TAMBIÉN ERA SU PROPIO FIN. SONRIENDO, DIJO FIONN: "¡OH, DIARMAID, MIDE AL JABALÍ, ¿CUÁNTOS PIES TIENE DESDE EL HOCICO HASTA LAS ANCAS?" DIARMAID MIDIÓ AL JABALÍ Y DIJO: "DIECISÉIS PIES TIENE, NI UNO MAS."

(*Diarmaid y Gráinne*, Leyenda irlandesa)

Empanadas al modo de Cornualles

INGREDIENTES

500 gr de masa de pan
300 gr de lomo de ternera
250 gr de papas
2 cebollas
100 gr de manteca
1 cucharada de aceite
1 cucharadita de nuez moscada
1 huevo batido
Sal y pimienta, a gusto

PROCEDIMIENTO

Picar la cebolla y rehogarla en la manteca a la que se agregará la cucharada de aceite para que no se queme. Añadir la carne cortada en cubos y las papas previamente cocidas y también cortadas en cubos. Salpimentar y agregar la nuez moscada. Dividir la masa en cuatro partes y hacer círculos de unos 25 cm de díametro. Colocar en cada uno la mezcla de carne y doblar la masa formando una empanada redonda. Unir los bordes con un poco de agua y pintar las empanadas con huevo batido. Ubicarlas en una placa y cocinar en un horno a fuego moderado por 30 minutos.

Se cree que los seres sobrenaturales de la mitología celta solo son portadores de malos augurios (por caso, los taise irlandeses, una fetch escocesa o una lavandera gallega), pero existen otras muchas figuras que desarrollan precisas funciones o que viven en zonas determinadas. Estos personajes, frecuentes en las regiones celtas, serían los enanos, los knocker (espíritus de la minas de Cornualles, Inglaterra), las mouras (bellas doncellas que habitan los túmulos megalíticos, fuentes y pozos de agua en Galicia), los polvoriños (fuertes remolinos de viento) y muchos otros.

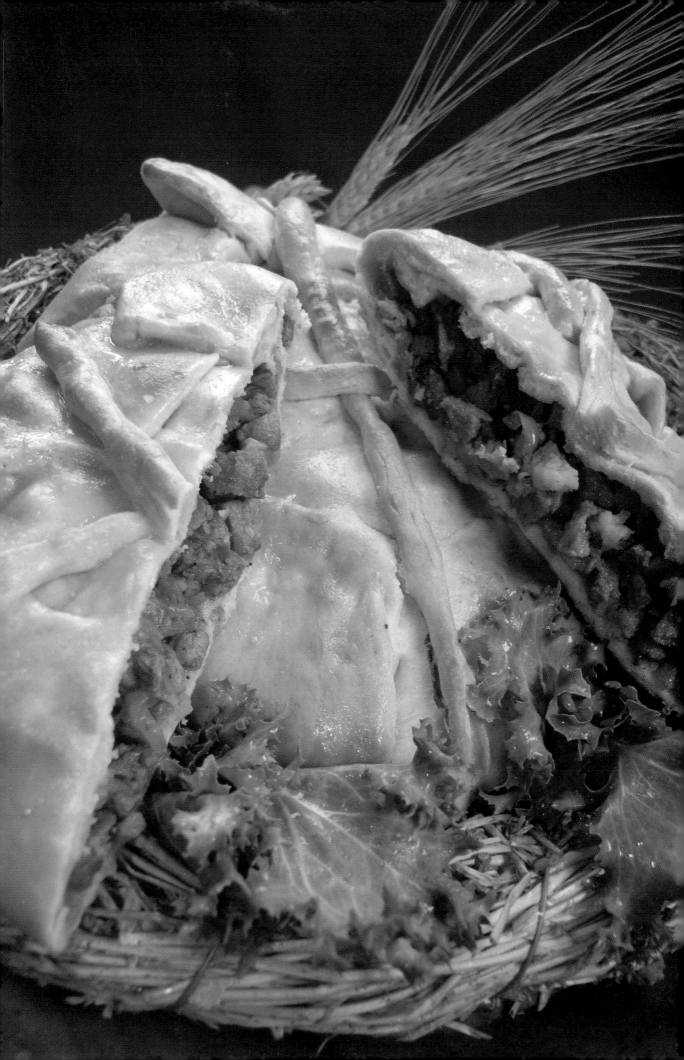

Col en salsa cruda

INGREDIENTES

1 col
1 cebolla
2 dientes de ajo
2 yemas de huevo cocidas
3 cucharadas de perejil picado
Aceite, cantidad necesaria
Sal y pimienta, a gusto
Unas gotas de vinagre y de agua

PROCEDIMIENTO

Cocinar la col en abundante agua hirviendo por 15 minutos, retirar, dejar enfriar y disponer en una fuente. Preparar la salsa cruda deshaciendo en el mortero una cebolla bien picada, los 2 dientes de ajo, el perejil y las yemas de huevo. Poner la pasta resultante en un recipiente e ir añadiendo sal, pimienta, unas gotas de vinagre y de agua, y aceite, sin dejar de batir hasta lograr una salsa consistente, con la que se cubrirá la col.

DENTRO DE CADA COL, MEDIA PERDIZ, Y APROVECHAD, TAL QUE UN COCINERO CHINO NO OSARÍA APROVECHAR, EL CALDO EN QUE COCIERON COL Y PERDIZ. HACED LA SALSA CON VINO BLANCO, PIMIENTA, VINAGRE, CEBOLLA Y PEREJIL, MANTECA DE CERDO Y UNA CUCHARADA DE HARINA. LOS SEÑORES MAYORAZGOS PRODIGABAN ESTOS AYUNOS. (Álvaro Cunqueiro, *Arte de la cocina*).

Ensalada de Imboloc

INGREDIENTES

4 zanahorias
2 manzanas verdes
1 limón
Ciboulette picado, cantidad
  necesaria
Jugo de 1/2 limón
Una cucharadita de azúcar

PROCEDIMIENTO

Rallar las zanahorias y las manzanas, reservando algunos cuartos de estas últimas para decorar. Ubicar todo en un recipiente y añadir el jugo de limón, el azúcar, el ciboulette picado y mezclar bien.
Servir decorando con los cuartos de manzanas y algunas rodajas de limón.

Brigiid, o Brigih, era la mayor diosa celta pre romana. Se la representaba como una imagen trinitaria, o lo que es lo mismo, tres mujeres en una. Simbolizaba de esta manera las distintas clases de la sociedad celta: como diosa de las técnicas y de los oficios, protegía a los pastores, labradores, tejedores y otros artesanos; como diosa guerrera infundía valor y asistía a los guerreros en combate; y como protectora del clan, inspiraba a reyes y nobles para que sus leyes y decisiones fueran justas y equitativas.
Su culto estaba especialmente difundido en las Islas Británicas, pero tenía nu-

MEROSOS SANTUARIOS EN EL CONTINENTE. EN ESTOS LUGARES ARDÍA UN FUEGO ETER-
NO, ATENDIDO POR DIECINUEVE SACERDOTISAS QUE REPRESENTAN LOS AÑOS DEL CI-
CLO ESTELAR CELTA.

LOS ATRIBUTOS DE ESTA DIOSA ERAN NUMEROSOS: EN MEDICINA, GANADERÍA, AGRICUL-
TURA, ARTESANÍAS, ADIVINACIÓN, BRUJERÍA Y, ADEMÁS, POSEÍA UN PROFUNDO CONOCI-
MIENTO DE LO ARCANO Y LO INVISIBLE PARA LOS HUMANOS. JULIO CÉSAR LA MENCIONA
COMO LA "MINERVA GALA" Y AL LLEGAR EL CRISTIANISMO A IRLANDA SERÁ REEMPLAZA-
DA POR LA IMAGEN DE LA MÁRTIR SANTA BRÍGIDA.

Ensalada de higos

INGREDIENTES

8 hojas de lechuga
400 gr de higos
200 gr de jamón cocido
4 hojas de espinaca
2 cucharadas de aceite de oliva
2 cucharadas de crema de leche
Jugo de 1 limón
Sal, a gusto

PROCEDIMIENTO

Blanquear en agua con sal las hojas de lechuga, escurrirlas y ubicarlas en la base de una fuente.

Sobre la lechuga colocar los higos cortados en lonjas y el jamón en tiras. Agregar la espinaca cortada en juliana. Salar y aliñar con el aceite de oliva y el jugo de limón.

Dejar macerar unos 3 minutos y cubrir con la crema antes de servir.

CESAIR, NIETA DE NOÉ, AL VER QUE NO HABÍA SIDO ELEGIDA PARA SUBIR A LA BARCA, DECIDE BUSCAR UNA TIERRA QUE QUEDE A SALVO DEL DILUVIO Y SE EMBARCA CON TRES HOMBRES Y CINCUENTA DONCELLAS. DESPUÉS DE UN AZAROSO VIAJE LLEGAN A IRLANDA QUE YA HABÍA SIDO DEVASTADA POR LAS AGUAS. PERO PRONTO LOS TRES HOMBRES MUEREN Y LAS MUJERES QUEDAN SOLAS, TAL VEZ EN SU PEREGRINAR POR EL MEDITERRÁNEO HAYAN LLEVADO ALGÚN BROTE DE HIGUERA, PLANTA QUE CRECÍA ESPONTÁNEAMENTE EN LA ZONA. DE HECHO, LOS HIGOS ERAN MUY POPULARES EN LA ANTIGÜEDAD Y TAN ABUNDANTES QUE EN ROMA SE COMÍAN A MANERA DE PAN. (Leyenda irlandesa).

Pepinos con crema agria

INGREDIENTES

4 pepinos
1 cucharada de eneldo fresco
1 cucharadita de eneldo seco
1 taza de crema agria
Sal, a gusto

PROCEDIMIENTO

Cortar los pepinos en rodajas y condimentarlos con sal.

Dejar reposar por treinta minutos, escurrirlos y secarlos con papel absorbente. Mezclar el eneldo fresco con la crema, añadir los pepinos y volver a mezclar.

Espolvorear con eneldo seco y servir frío.

LOS GÁLATAS, CELTAS QUE HABITABAN LAS ACTUALES ZONAS DE TURQUÍA, GRECIA Y ASIA MENOR, ERAN GRANDES CONSUMIDORES DE PRODUCTOS LÁCTEOS. ENTRE ELLOS SE DESTACABA LA CREMA AGRIA, UN INGREDIENTE TODAVÍA HOY HABITUAL EN LAS GASTRONOMÍAS DE ESA REGIÓN.

Chulas de calabaza

INGREDIENTES

1 kg de calabaza
6 huevos
150 gr de pan rallado
Sal y pimienta, a gusto
Manteca de cerdo, cantidad
  necesaria para freír
Huevo batido y pan rallado,
  cantidades necesarias para rebozar
  las chulas

PROCEDIMIENTO

Quitarle la piel y las semillas a la calabaza, cortarla en cubos y cocinarla en agua con sal por 30 minutos. Escurrir bien y hacer un puré, agregando los huevos batidos, el pan rallado y condimentando con sal y pimienta. Con ese puré formar unas tortas circulares y rebozarlas pasándolas por huevo batido y pan rallado.

Freír las chulas hasta que estén doradas y colocarlas sobre papel absorbente.

Servir calientes o tibias.

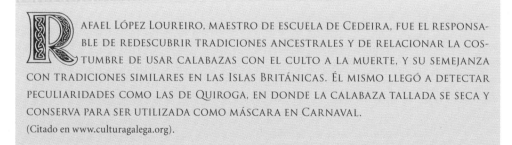

Rafael López Loureiro, maestro de escuela de Cedeira, fue el responsable de redescubrir tradiciones ancestrales y de relacionar la costumbre de usar calabazas con el culto a la muerte, y su semejanza con tradiciones similares en las Islas Británicas. Él mismo llegó a detectar peculiaridades como las de Quiroga, en donde la calabaza tallada se seca y conserva para ser utilizada como máscara en Carnaval.

(Citado en www.culturagalega.org).

Buñuelos de sesos de cordero

INGREDIENTES

4 sesos de cordero
1 hoja de laurel
3 clavos
3 granos de pimienta negra
1 ramita de perejil
1 vaso de vinagre de manzana
Sal, a gusto
Hojas verdes, para decorar

PASTA PARA REBOZAR

2 huevos
2 vasos de leche
100 gr de harina
6 granos de pimienta negra
Sal, a gusto
Aceite para freír

PROCEDIMIENTO

Lavar bien los sesos y ubicarlos en un recipiente con agua fría y el vinagre. Dejar en remojo por 30 minutos y limpiarlos, quitándoles los vestigios de sangre, las venitas y la telilla que los cubre.

En una cazuela con agua fría agregar el laurel, los clavos, la pimienta, el perejil y un poco de sal, y llevar a hervir. Añadir los sesos y cocinar por 20 minutos. Escurrirlos bien y cortarlos en trozos pequeños. Preparar la pasta para rebozar separando la yema de las claras y batiendo éstas a punto nieve. Mezclar la harina y la leche e incorporar las claras con cuidado, para que no pierdan mucho volumen. Agregar a la pasta los sesos y formar buñuelos redondos con la ayuda de dos cucharas. Freírlos en aceite hasta que estén bien dorados, escurrirlos sobre papel absorbente y servirlos calientes, decorando con hojas verdes.

FINN MAC CUMHAILL FUE UN GUERRERO QUE VIVIÓ EN EL SIGLO III. SE CREE QUE EL REY DE TARA, COMARC MACAIRT, LO NOMBRÓ JEFE DE SU EJÉRCITO Y QUE FINN ORGANIZÓ UN EXCELENTE GRUPO DE COMBATIENTES CONOCIDOS COMO LOS FIANNA EIREANN. FINN FUE PADRE DEL POETA OISIN, QUE CANTARÍA LUEGO LAS HAZAÑAS DE LOS FIANNA.
FINN, SIENDO YA ANCIANO Y PERDIDAS GRAN PARTE DE SUS FUERZAS, SE PUSO EN CAMINO BUSCANDO LA JUVENTUD. DESPUÉS DE LARGAS JORNADAS LLEGÓ A UNA SOLITARIA CABAÑA EN LA QUE VIVÍA UN ANCIANO ACOMPAÑADO DE UNA BELLA JOVEN Y UN COR-

DERO. EL ANIMAL NO ACEPTÓ DE BUEN GRADO LA PRESENCIA DEL VIEJO GUERRERO QUE INTENTÓ INÚTILMENTE DOMINARLO. ANTE SU SORPRESA, EL ANCIANO LO TRANQUILI-ZÓ Y ATÓ. FINN SE SINTIÓ ATRAÍDO POR LA JOVEN, Y LE PIDIÓ AL ANCIANO QUE SE LA ENTREGARA, PERO ÉSTE SE REHUSÓ. ANTE SU INSISTENCIA, LE DIJO QUE ÉL ERA LA MUER-TE, EL CORDERO EL MUNDO –QUE SOLAMENTE PUEDE SER DOMINADO POR LA MUERTE– Y LA MUCHACHA LA JUVENTUD QUE NUNCA PODRÁ SER DONADA A UN ANCIANO. FINN, RESIGNADO, VOLVIÓ A SU REINO SIN VER CUMPLIDO SU DESEO DE SER OTRA VEZ JOVEN.

(O`Suilleabhoin, *A Handbook of Irish Folklore*).

Papas galesas

INGREDIENTES

1/2 kg de papas
100 gr de harina
50 gr de manteca salada
4 cucharadas de leche
4 lonchas de panceta ahumada
Sal, a gusto

PROCEDIMIENTO

Cocinar las papas en agua hirviendo con sal por 20 minutos. Escurrirlas y hacer un puré, añadiendo la harina, la manteca, la leche, y condimentando con sal. Separar este puré por la mitad y hacer dos tortas redondas de unos 20 cm de díametro y 5 mm de espesor.

Dorarlas en manteca a fuego medio por unos 5 minutos. Antes de darlas vuelta, cortarlas en cuatro partes y seguir dorando otros 5 minutos. Retirar y colocarlas sobre papel absorbente. Servir acompañadas por la panceta, que se habrá salteado unos minutos.

Según el Lebor Laiqen, manuscrito que se encuentra en The Library of Trinity Collage de Dublín, ciertos miembros del clan podían recibir una compensación del grupo por alguna desgracia personal, como podía ser el incendio de su casa o que su esposa o hija fueran violadas. Dentro de las categorías sociales de los clanes, existía el privilegio de casarse con una mujer libre y con los mismos derechos y rangos que el esposo, lo que indica que entre los celtas no existía una total sumisión de la mujer al hombre, ya que ésta tenía el derecho de ser consultada en todas las materias.

Ensalada de col

INGREDIENTES

1/2 col
2 manzanas verdes
1 zanahoria
1 cebolla
1 cucharada de perejil picado
2 cucharadas de aceite de oliva
Jugo de 1/2 limón
Una pizca de azúcar
Sal y pimienta, a gusto

PROCEDIMIENTO

Blanquear la col en agua hirviendo con sal y escurrirla bien. Dejarla enfriar y cortarla en trozos pequeños.

Luego rallar la zanahoria y picar las manzanas y la cebolla.

Unir todos los ingredientes en un bowl y aliñar con jugo de limón, aceite, una pizca de azúcar, sal y pimienta.

Dejar en la heladera una hora y servir adornando con perejil picado.

LOS COCINEROS SIRVEN UN PRADO COMPLETO EN SUS GUISADOS, DE LA MISMA MANERA QUE SI TRATARAN DE REGALAR EL PALADAR DE BUEYES. PREPARAN SUS PLATOS CON UN MONTÓN DE FORRAJE, DE HIERBAS ADEREZADAS CON OTRAS HIERBAS Y RELLENAS DE CORIANDRO, PEREJIL, APIO CABALLAR, A LOS QUE AÑADEN COLES, ACEDERAS, PUERROS, ACELGAS, TODO ELLO FUERTEMENTE AROMATIZADO CON SELFIÓN MEZCLADO CON MOSTAZA TRITURADA, REPULSIVO VENENO QUE NO ES POSIBLE MAJAR SIN DERRAMAR LÁGRIMAS. (Plauto, *Pseudolus*, siglo II a.C.).

Welsh rabbit

INGREDIENTES

3/8 l de cerveza
150 gr de queso rallado, si es
   posible de oveja
1 cucharada de mostaza de Dijon
8 rebanadas de pan de mijo
Grasa de riñones, cantidad
   necesaria para lubricar una
   plancha de hierro

PROCEDIMIENTO

En una cazuela colocar la cerveza y el queso rallado, añadir la mostaza y cocinar hasta que el queso se derrita e integre por completo (tiene que tener una consistencia parecida a la de una fondue de queso). Aparte, tostar sobre una plancha de hierro untada con grasa de riñones las rebanadas de pan de mijo.

Volcar la preparación de queso sobre las tostadas y gratinar unos minutos en un horno bien caliente. Servir de inmediato.

UNA RECETA MUY ANTIGUA PARA PREPARAR MOSTAZA DICE: `SE CUECE UN LITRO DE VINAGRE DE VINO FUERTE CON 15 GR DE CANELA, 4 GRANOS DE CLAVO, ALGUNAS CEBOLLAS CORTADAS EN RODAJAS, TRES AJOS, UNAS RAMAS DE ESTRAGÓN, TOMILLO, MEJORANA, LAUREL Y 250 GR DE AZÚCAR. DEBE HERVIR VARIAS VECES Y LUEGO SE DEJA EN INFUSIÓN CON LA OLLA TAPADA MEDIA HORA. SE CUELA, SE MEZCLA CON UNA LIBRA DE HARINA DE MOSTAZA NEGRA, Y SE VUELVE A COCER NUEVAMENTE REVOLVIENDO CONTINUAMENTE. LUEGO SE ECHA EN RECIPIENTES DE BARRO O CRISTAL Y SE TAPA BIEN. (H. Schraemli, *De Luculo a Escoffier*).

Empanada gallega de cerdo

INGREDIENTES

1 kg de solomillos de cerdo
3 chorizos frescos blancos
2 cebollas
2 huevos duros
100 gr de jamón serrano cortado en
 cubos pequeños
50 gr de manteca de cerdo
1 huevo batido
Sal y harina, cantidades necesarias

PARA EL ADOBO

3 dientes de ajo
1 cucharada de perejil picado
1 cucharada de orégano
1 cucharada de agua

PARA LA MASA

500 gr de harina
50 gr de levadura
1 cucharada de sal gruesa
1/4 l de agua templada

PROCEDIMIENTO

Cortar los solomillos en trozos muy pequeños, y machacar en el mortero los dientes de ajo, el perejil, el orégano y una cucharada de agua. Adobar con este preparado la carne y marinarla por 24 horas.

Aparte, mezclar el agua templada con la levadura y una cucharada de sal. Unir y amasar hasta obtener un bollo. Trabajar bien la masa, agregando harina de vez en cuando para que no se pegue. Dejar levar, tapada, por una hora. Mientras tanto, rehogar las cebollas en la manteca de cerdo, añadir los solomillos, el jamón, los chorizos picados y condimentar con sal. Cocinar por 15 minutos. Estirar la mitad de la masa, poner sobre un molde rectangular enharinado y cubrir con el picadillo de carne y los huevos duros picados. Tapar con el resto de la masa, hacer un agujero circular en la superficie, adornar con cortes de masa y pintar con huevo batido. Cocinar en un horno a fuego moderado por 30 minutos, hasta que la empanada esté bien dorada.

Servir caliente, tibia o fría.

Y EL JABALÍ, QUE HA ESTADO CORTADO EN FINÍSIMAS LONCHAS, Y DURANTE CUARENTA Y OCHO HORAS, EN ADOBO DE SAL, AJO, PIMIENTA, LAUREL Y VINO BLANCO SECO, SE DORA EN SARTÉN ANTES DE EMPANARLO EN MASA DE HUEVO. A CADA EMPANADA SE LE DEJA UN AGUJERO CON UN TAPÓN, Y CUANDO VAYA A ESTAR A PUNTO, VIÉRTASE POR ÉL LA GRASA QUE SOBRÓ DE DORAR EL JABALÍ, CON EL ZUMO DE NARANJAS AGRIAS, UNA PUNTA DE HINOJO Y OTRA DE PIMIENTA. (Citado por Néstor Luján en *Cocina Española*).

Desayuno del cazador

INGREDIENTES

3 chorizos colorados
12 fetas gruesas de panceta
24 cebollas muy pequeñas
4 huevos
50 gr de manteca
3 cucharadas de vino blanco seco
Perejil picado, cantidad necesaria

PROCEDIMIENTO

erretir la manteca en una sartén, agregar el vino blanco y cocinar allí las cebollas por 10 minutos.

Añadir los chorizos cortados en rodajas y cuando suelten su jugo, incorporar las fetas de panceta y cocinar 5 minutos más.

Luego, retirar y colocar en 4 cazuelitas individuales. Escalfar un huevo en cada una y cocinar en un horno con fuego moderado por unos 10 minutos.

Servir espolvoreando con perejil picado.

En la Edad Media, en los salones de la realeza inglesa se servían espléndidos banquetes con la presencia de músicos, bailarines y poetas que recitaban versos creados especialmente para la ocasión. Los nobles se sentaban a la mesa acompañados por sus respectivos perros, que se ubicaban debajo de ésta, sobre la paja que invariablemente recubría el piso, esperando o reclamando su comida con vehemencia canina. No faltaba tampoco el bromista que llevaba un hurón y lo lanzaba sobre el plato de otro comensal para molestarlo. Era la "alegre Inglaterra". Pero en la misma época, en Escocia se

DICTARON SEVERAS "LEYES SUNTUARIAS" QUE NO TENÍAN NADA QUE VER CON LO QUE HOY ENTENDEMOS COMO ENRIQUECIMIENTOS ILÍCITOS, SINO QUE PENABAN, INCLUSO CON LA MUERTE, LOS EXCESOS EN EL COMER Y EL BEBER.

DICHAS LEYES INDICABAN A LOS POBRES LO QUE TENÍAN PERMITIDO INGERIR. Y ENUMERABAN NUMEROSOS ALIMENTOS CONSIDERADOS REALES Y PROHIBIDOS PARA EL VULGO (VENADOS, BALLENAS, FAISANES, ETC.). CURIOSAMENTE, ESTAS LEYES SE PROMULGABAN EN UNA TIERRA PARTICULARMENTE FÉRTIL Y POSEEDORA DE GRANDES REBAÑOS Y DE NUMEROSAS VARIEDADES DE PESCADOS EN SUS RÍOS Y LAGOS.

Mejillones a la moda de Bretaña

INGREDIENTES

1 1/2 kg de mejillones
4 cucharadas de aceite de oliva
1 cucharada de vinagre de manzana
1 cebolla
2 cucharadas de perejil picado
2 huevos duros
Jugo de 1 limón
Sal, a gusto
Rodajas de limón y hojas de perejil,
  para decorar

PROCEDIMIENTO

Limpiar los mejillones en agua con sal. Luego, ubicarlos en una cazuela con el jugo de limón, tapar y cocinar hasta que se abran (deshechar los que permanecen cerrados).

Picar la cebolla y los huevos duros, agregar el perejil picado, condimentar con sal y añadir el aceite y el vinagre. Sacarles una de las conchas a los mejillones y volcar encima de ellos la salsa preparada (se le puede adicionar un poco de crema de leche). Servir, decorando con rodajas de limón y hojas de perejil.

En Bretaña y Cornualles era tradición, al tercer día de la ceremonia de boda, llevar el armario de la novia a la casa del marido. En medio de gran algarabía, lo colocaban en una carreta tirada por caballos con las crines trenzadas y adornadas con cintas. Pero cuando los parientes de la novia querían introducir el armario, los de la casa se oponían a ello y se instauraba una larga disputa entre los dos bandos. Finalmente, se hacían las paces. La dueña de la casa cubría el armario con un mantel blanco y colocaban encima dos pilas de tortitas, una jarra de vino y una copa de plata.

Tortilla bretona de setas

INGREDIENTES

6 huevos
50 gr de manteca
200 gr de setas
1 cucharada de harina
1 vaso de vino blanco seco
3 cucharadas de caldo de carne
Jugo de 1 limón
Sal, a gusto
Rodajas de limón y hojas de perejil,
  para decorar

PROCEDIMIENTO

Cortar las setas en láminas y dorarlas en un poco de manteca en una sartén. Agregar la harina diluida en el caldo de carne, el vino blanco, el jugo de limón y condimentar con sal. Retirar con una espumadera las setas y reservarlas al calor como así también, la salsa que se formó en la sartén.

Batir los huevos con un poco de sal. Derretir la manteca restante en otra sartén y agregar los huevos. Cuando estén a media cocción, retirar con cuidado una parte del centro tratando de no perforarlos por completo. Rellenar la tortilla con las setas, replegándola sobre sí misma (como si se estuviera haciendo una omelette). Darle unas vueltas con ayuda de dos tenedores para asegurar una cocción pareja.

Al servir, rociar con la salsa de las setas reservada y adornar con rodajas de limón y hojas de perejil.

En 1066, el Duque Guillermo de Normandía conquista totalmente Inglaterra, al vencer al último soberano anglosajón Harold II. Las tropas de Guillermo, que hablaban francés, conocieron la leyenda de Arturo y posiblemente la llevaron a Francia. Antes, y después de la batalla de Hasting, tuvo lugar una fuerte emigración de galeses y cornicos hacia la Bretaña armoricana y es lógico suponer un intenso intercambio cultural entre esos pueblos de origen celta. (*Frederikssund*, *Watchet*, *Catoira*, folleto editado por la Xunta de Galicia).

Pastel de puerros

INGREDIENTES

1 kg de puerros
200 gr de harina
5 huevos
2 yemas
150 gr de manteca
3 cucharadas de leche
3 cucharadas de crema de leche
1 cucharada de manteca
4 cucharadas de aceite
Sal y pimienta, a gusto
Una pizca de nuez moscada
Manteca y harina, cantidades
   necesarias para untar el molde

PROCEDIMIENTO

Hacer un volcán con la harina y ubicar en su centro 3 huevos, una pizca de sal y la mitad de la manteca, previamente derretida. Amasar e ir incorporando el resto de la manteca (también derretida) hasta formar un bollo. Dejar reposar tapado en un sitio templado. Mezclar la leche, la crema, 2 huevos, 2 yemas y condimentar con sal, pimienta y nuez moscada. Aparte, picar la parte blanca de los puerros y cocinarlos en una sartén con un poco de manteca y aceite por 5 minutos. Luego, dejarlos enfriar. Estirar la masa, untar un molde rectangular con manteca y enharinarlo. Cubrirlo con la masa, pincharla con un tenedor, rellenar con los puerros y recubrir todo con la preparación de huevos, leche y crema. Cocinar en un horno a fuego moderado por 30 minutos. Servir tibio o frío.

LAS JERARQUÍAS DE LA CASTA SACERDOTAL CELTA ABARCABAN VARIAS CATEGORÍAS. LOS AMDAURS ERAN LOS ASPIRANTES Y VESTÍAN TÚNICAS AMARILLAS, LUEGO SE ENCONTRABAN LOS VATES, QUE VESTÍAN DE ROJO, ESTUDIABAN FILOSOFÍA, ASTRONOMÍA, MEDICINA, MÚSICA Y ORATORIA, LOS MITOS, TRADICIONES Y CONOCIMIENTOS DE TODO TIPO, PARA LUEGO TRANSMITIRLOS AL PUEBLO. CUANDO EL VATE ESTABA LISTO, LUEGO DE UNA CEREMONIA DE INICIACIÓN, ACCEDÍA AL NIVEL DE BARDO Y LUCÍA UNA TÚNICA AZUL. ÉSTE ERA EL ENCARGADO DE RECITAR LAS PROEZAS DE LOS GUERREROS Y DE CANTAR ALABANZAS A LOS DIOSES.

Pastel de salmón

INGREDIENTES

500 gr de filet de salmón
200 gr de pan rallado
100 gr de puré de nabos
2 cucharadas de leche
2 huevos batidos
1 cucharadita de mostaza de
   Dijon
Sal y pimienta, a gusto
Jugo de limón, unas gotas
Manteca, cantidad necesaria para
   untar el molde
Hojas de berro y rodajas de
   limón, para decorar

PROCEDIMIENTO

Hervir el salmón por 10 minutos, escurrirlo bien y desmenuzarlo, retirando todas las espinas. Ponerlo en un bowl, añadir el pan rallado, el puré de nabos y la leche y mezclar bien. Salpimentar y agregar los huevos batidos y la mostaza, volviendo a mezclar.

Enmantecar un molde alargado (como el que se utiliza para una terrina) y volcar la preparación. Dar unos golpes al molde para que se asiente bien la mezcla y rociar con una gotas de jugo de limón. Cocinar en un horno a fuego moderado por 30 minutos, retirar y dejar enfriar.

Desmoldar, cortar en rodajas de 1 cm y servir decorando con hojas de berro y rodajas de limón.

PAWDEEN REINICIÓ SU MARCHA Y CAMINÓ LARGO RATO, AÚN SIN RUMBO FIJO, HASTA QUE TRES DÍAS DESPUÉS LLEGÓ A OTRO RÍO DONDE VIO A UN HOMBRE PESCANDO.

HAMBRIENTO Y SIN DINERO, EL PRÍNCIPE LE PREGUNTÓ SI PODÍA PRESTARLE SU CAÑA PARA PODER ATRAPAR ALGO DE ALIMENTO, A LO CUAL EL HOMBRE GENTILMENTE CONTESTÓ:

–NO TENGO INCONVENIENTE, PUES YA TENGO ASEGURADA LA CENA.

APENAS LANZADO EL ANZUELO, PAWDEN ATRAPÓ UN HERMOSO EJEMPLAR DE SALMÓN.

–¡Caramba, que buen pez! Lástima que no tenga con qué encender el fuego, pues podría darme un buen atracón ahora mismo.

El pescador se ofreció para tal fin y encendió un crepitante fuego. Luego, colocó el pescado sobre la llama y lo fue girando lentamente, sin dejar que se quemara ni se desprendiera la piel, mientras recogía cuidadosamente el jugo que desprendía para guardarlo en una pequeña vasija ya que, según dijo, aquel pez era el Salmón Ciego de Eas Rudh, o Salmón de la Sabiduría. (Fragmento de "La extraña aventura de Pawden, hijo del rey de Armagh", citado en *Cuentos de Hadas Irlandesas*, de R. R. Reinolds)

Filloas de caldo

INGREDIENTES

500 gr de harina
3 huevos
2 tazas de caldo gallego colado
1 trozo pequeño de panceta para
   engrasar la sartén
Sal, a gusto

PROCEDIMIENTO

Batir los huevos, añadir el caldo y mezclar con la harina, evitando que se formen grumos, caso contrario pasar la masa por un colador.

Calentar la sartén, engrasarla con la panceta y verter encima la cantidad de masa suficiente para cubrir la superficie. Cuando cuaje, darle la vuelta y dejar cocinar un minuto.

Servir enrollando las filloas.

LAS CAZUELAS, CALDEROS Y MARMITAS EN MUCHAS CULTURAS SE VINCULAN A LA REVITALIZACIÓN Y A LA UNIÓN. POR ELLO, EN MUCHOS LUGARES SE MANTIENE LA TRADICIÓN DE TENER UNA SOPERA EN EL CENTRO DE LA MESA.
PARA LOS CELTAS, EL CALDO SIMBOLIZABA LA REGENERACIÓN QUE SE ESPERABA DE UN NUEVO REY.

Nabos a la crema

INGREDIENTES

1 1/2 kg de nabos
100 gr de manteca
2 yemas de huevo
1 l de caldo de verduras
1/4 l de crema de leche
1 cucharada de harina
2 cucharadas de leche
1 cucharada de azúcar
1 cucharada de perejil picado
Sal, a gusto

PROCEDIMIENTO

Pelar los nabos y con cuidado, darles forma redondeada con un cuchillo. Cocinarlos en agua hirviendo por 20 minutos. Luego, escurrirlos bien. Derretir la manteca en una sartén, agregar los nabos, el azúcar y la sal, y rehogarlos por 10 minutos. Escurrir nuevamente los nabos y ubicarlos en una cazuela con el caldo caliente. Tapar y cocinar hasta que se evapore todo el líquido, aproximadamente 45 minutos. Añadir la crema y seguir la cocción otros cinco minutos. Desleír, en dos cucharadas de leche, las yemas de huevo y la harina, y verter esta preparación sobre los nabos, moviendo constantemente para espesar la salsa, evitando el hervor. Servir caliente, espolvoreando con perejil picado.

LOS POBLADORES DEL CONDADO DE MAYO ESTABAN CONVENCIDOS DE QUE SU TIERRA ERA LA ELEGIDA POR LAS HADAS PARA VIVIR. EL ESCRITOR SYNGE RECORRIÓ LA ZONA Y PUDO ESCUCHAR, DE BOCA DE UN GRANJERO, QUE UN VECINO QUE SUFRÍA LA MÁS COMPLETA MISERIA AL NO PODER RECOGER LA COSECHA Y HABER MUERTO LA ÚNICA VACA QUE POSEÍA, SE PUSO EN CONTACTO CON LAS HADAS Y ÉSTAS LO AYUDARON CON UN PRÉSTAMO, QUE DEBÍA DEVOLVER AL AÑO. ASÍ LO HIZO Y SU SUERTE CAMBIÓ PARA SIEMPRE. OTRO GRANJERO, UN ANCIANO, LE CONTÓ LA HISTORIA DE UNA MADRE QUE HABÍA MUERTO Y CUYO HIJO HABÍA SIDO RECOGIDO POR UN FAMILIAR. EL MISMO DÍA

DEL ENTIERRO DE LA MUJER, LE ESTABAN DANDO DE BEBER AL NIÑO LECHE EN UNA TAZA, CUANDO ENTRÓ LA MADRE Y LO TOMÓ EN SUS BRAZOS PARA DARLE EL PECHO. A CONTINUACIÓN, COMIÓ ALGUNAS PAPAS CON LECHE Y SE MARCHÓ. A LA NOCHE SIGUIENTE, TODOS LOS FAMILIARES ESPERARON ESCONDIDOS Y CUANDO LA MUJER VOLVIÓ A ENTRAR LA INMOVILIZARON. FUE CUANDO ELLA LES CONTÓ QUE ESTABA EN PODER DE LAS HADAS Y QUE PARA ROMPER EL ENCANTAMIENTO QUE SUFRÍA, LAS HADAS –QUE ESA NOCHE ABANDONARÍAN EL CONDADO MONTADAS EN CABALLOS– DEBÍAN SER DERRIBADAS CUANDO PASARAN POR UN PUENTE QUE LES INDICÓ. ASÍ LO HICIERON Y LA MUJER QUEDÓ LIBRE.

Hochepot a la Gantoise

INGREDIENTES

4 pies de cerdo
2 orejas de cerdo
2 rabos de cerdo
150 gr de habas blancas
150 gr de habas verdes
300 gr de pechito de cerdo
1 diente de ajo
1 col con sus hojas
12 cebollas muy pequeñas
1 kg de papas
1 ramita de tomillo
2 hojas de laurel
1 cucharadita de pimienta
1 cucharadita de nuez moscada
Sal, a gusto

PROCEDIMIENTO

Cortar los pies de cerdo en cuatro, las orejas en trozos pequeños, los rabos al medio y separar las costillas del pechito. Colocar todo en una olla, cubrir con agua fría ligeramente salada. Dejar hervir.

En el punto de ebullición añadir las habas previamente remojadas por una noche, un diente de ajo y la col con sus hojas cortadas en cuartos. Dejar cocinar una hora. Retirar las carnes y reservar.

Agregar a la olla el tomillo, el laurel, las papas, pimienta y nuez moscada, y cocinar 30 minutos.

Unos minutos antes de servir añadir las cebollitas y las carnes.

El pot-au-feu francés, el hochepot belga, el odge podge escocés, el tafels pitz austríaco, la palotzz húngara o el pote gallego son versiones de un mismo plato, un cocido con carne de buey y carnero con diversas legumbres, entre las cuales se encuentran porotos, habas y chauchas sazonadas con ajo.

En la Edad Media, al cocido se le llamaba simplemente "pot", del latín "pottus", sin prejuicio de conocerlo también por marmita o por olla, como es el caso de la olla podrida española.

Miolada

INGREDIENTES

1/2 cabeza de cerdo
300 gr de pechito de cerdo
150 gr de sesos de cerdo
4 huevos
100 grs. de manteca
4 rebanadas de pan remojadas en
  leche

PARA EL ADOBO

2 dientes de ajo
Sal y pimienta, a gusto

PROCEDIMIENTO

Adobar las carnes de cerdo con los ajos machacados, la sal y la pimienta. Luego, cocinarlas en una olla con abundante agua a fuego mínimo por 90 minutos. Retirar las carnes, separar los huesos y picarlas en trozos pequeños.

Calentar la manteca en una sartén, añadir el pan mojado en leche, los huevos batidos, las carnes picadas y los sesos bien limpios y también picados. Cocinar unos minutos y retirar cuando estén cuajados los huevos.

Servir caliente.

Existía entre los celtas la costumbre ancestral de que los hijos de los reyes, los nobles y los guerreros a su servicio recibían a los once años una iniciación viril consistente en cazar un jabalí provistos únicamente de una lanza corta. Solo después de este rito de iniciación podían convertirse en soldados y servir en el ejército del clan.

Si el joven no moría en el intento, el jabalí cazado era paseado por el pueblo y luego se servía como plato principal en una cena en la que su familia reunida festejaba su mayoría de edad.

Costillas de cerdo con guisantes

INGREDIENTES

1 kg de costillas de cerdo
500 gr de guisantes
3 zanahorias
2 nabos
1 hoja de laurel
1 rama de perejil
150 grs de manteca de cerdo
1/4 l de caldo de verduras
1 diente de ajo
1 cucharada de perejil picado
Sal, a gusto

PROCEDIMIENTO

Partir la unión de los dos huesos de las costillas de cerdo. Luego dorar éstas en la manteca de cerdo. Ubicarlas en una cazuela y verter la grasa de la fritura, añadir las zanahorias cortadas en trozos y los nabos cortados en rodajas. Rehogar unos minutos y cubrir con el caldo. Agregar la hoja de laurel y cocinar 1 hora a fuego mínimo. A los 10 minutos incorporar los guisantes y condimentar con sal.

Machacar en el mortero 1 diente de ajo, perejil picado y desleír en unas cucharadas de caldo. Echar esta mezcla en la cazuela y dejar cocinar unos minutos más para que los sabores se intensifiquen. Servir bien caliente.

BEN GULBANN ES UN JABALÍ MITOLÓGICO QUE MERODEABA POR LAS ALTURAS DE GULBANN, EN EL CONDADO DE SLIGO. SE LO VINCULA AL HÉROE DIARMAID, QUIEN NO PODÍA CAZARLO PORQUE SE LO PROHIBÍA UN "GEIS" (HECHIZO), PERO, OBLIGADO POR FIONN A PARTICIPAR EN LA CACERÍA, LO MATA, PROVOCANDO ASÍ SU PROPIA MUERTE.

Ternera guisada con cerveza

INGREDIENTES

750 g de carne de ternera (cuadril,
  nalga, carnaza)
1 l de cerveza
3 hojas de laurel
150 g de manteca
1 cebolla grande
2 dientes de ajo
1 ramita de tomillo
1 ramita de romero
2 zanahorias
1 apio
6 granos de pimienta negra
50 g de harina
Sal, a gusto

PROCEDIMIENTO

Calentar una cazuela, derretir la manteca cuidando de que no se queme y añadir las hojas de laurel. Incorporar la carne cortada en cubos pequeños y darlos vuelta para que se doren bien. Agregar la cebolla picada muy fina y rehogarla hasta que esté tierna. Luego, bajar el fuego y sumar al guiso los dientes de ajo cortados en finas láminas, el tomillo, el romero, las zanahorias cortadas en rodajas delgadas, el apio picado y la cerveza. Revolver, salpimentar, añadir la harina para espesar la salsa y dejar cocinar a fuego mínimo por 1 hora y media.

LOS CELTAS PREFERÍAN EL "MEAD" A LA CERVEZA, PERO LA PALABRA INGLESA "BEER" PROVIENE DEL TÉRMINO GALO "BEOR", CON QUE BAUTIZARON EL PROCESO DE MALTEADO EN LOS MONASTERIOS DE LA GALIA TRANSALPINA, DONDE POR PRIMERA VEZ SE UTILIZÓ LÚPULO PARA SABORIZAR LA CERVEZA. EL "MEAD" ERA UNA BEBIDA DE ALTÍSIMA GRADUACIÓN ALCOHÓLICA, CONSIDERADA LA "BEBIDA DE LOS DIOSES" QUE SE PREPARABA MEZCLANDO MIEL CON UNA ESPECIE DE CERVEZA OBTENIDA A BASE DE GRANOS DE AVENA O CEBADA MALTEADA Y FERMENTADA, A LA QUE SE LE AGREGABA FRUTAS Y ESPECIAS.

Antiguo caldo galego

INGREDIENTES

1 hueso de jamón
300 gr de pechito de cerdo salado
1 rabo de cerdo salado
1 oreja de cerdo salada
2 chorizos frescos blancos
1 kg de grelos
1 kg de castañas
250 gr de habas blancas
10 gr de unto de cerdo
2 dientes de ajo
2 cebollas
Sal, a gusto

PROCEDIMIENTO

Desalar las carnes, pelar las castañas y cocinarlas en agua hirviendo por 1 hora. Rehogar en una olla las cebollas, los dientes de ajo, el unto de cerdo, las carnes y el hueso de jamón. Cubrir con agua fría y poner a hervir. Una hora después, añadir las castañas, los chorizos y las habas previamente remojadas una noche. Cocinar una hora más y añadir los grelos picados. Seguir la cocción por 30 minutos, espumando de vez en cuando. Retirar del fuego y servir bien caliente. Suele beberse primero el caldo y luego comerse las carnes.

En la mitología irlandesa se cuenta que los hijos de Miled, raza proveniente de Galicia, invadieron el país y lo conquistaron.
Sucedió que Ith, hijo de Breogan y padre de Miled, oteaba el horizonte desde una torre y divisó las costas de Irlanda. Inmediatamente embarcó con 90 hombres. Al llegar al condado de Corcaigh, se encontró con que el último rey Danann, Neit, había muerto y sus tres hijos se disputaban el trono. McCuill, McCecht, McGrené, casados con Banba, Fohla y Eriu, respectivamente, peleaban entre sí. Las esposas, ante la posibilidad de que sus maridos accedie-

RAN AL TRONO, LE PIDIERON A AMERGIN QUE DIERA SU NOMBRE A LA ISLA. EL DRUIDA
LE CONCEDIÓ EL HONOR A ERIU, CUYO NOMBRE EN GENITIVO (ERINN) HA PERDURADO
COMO DENOMINACIÓN POÉTICA DE IRLANDA. LOS POSTULANTES PIDIERON A ITH LA ME-
DIACIÓN PARA RESOLVER LA SUCESIÓN, PERO AL DESCONFIAR DE SUS INTENCIONES LO
ASESINARON, Y EL CADÁVER FUE LLEVADO DE VUELTA A ESPAÑA. SU HIJO, MILED, EMBAR-
CÓ CON UN EJÉRCITO PARA TOMAR VENGANZA. ASÍ, SE LIBRA UNA SANGRIENTA BATALLA
Y LOS TRES HIJOS DEL REY NEIT Y SUS ESPOSAS MUEREN. LOS HIJOS DE MILED, ASUMEN
LA SOBERANÍA DE LA ISLA, CONVIRTIÉNDOSE EN LOS ÚLTIMOS INVASORES DE LA MISMA.

Vieyras a la celtíbera

INGREDIENTES

16 vieyras, lavadas y sin concha
4 dientes de ajo
1/2 vaso de vino blanco seco
3 echalotes
50 gr de manteca salada
1 cucharada de harina
Sal y pimienta, a gusto
Unas gotas de jugo de limón
Perejil picado, cantidad necesaria

PROCEDIMIENTO

Dorar en la manteca las vieyras con el ajo y los echalotes picados. Antes de que la manteca se oscurezca (cuando toma un color parecido al de las avellanas) se la debe cubrir con el vino blanco. Luego, cocinar a fuego mínimo hasta que reduzca la salsa.

Salpimentar y, si es necesario, espesar la preparación con 1 cucharada de harina.

Servir las vieyras dentro de cuatro véneras, añadiendo el jugo de limón y decorando con el perejil picado.

QUE EL GALLEGO MARISQUEABA DESDE LOS DÍAS PREHISTÓRICOS, SE SABE POR LOS `CONCHEIROS´, LOS MONTONES DE CONCHAS QUE SE ENCONTRARON Y ENCUENTRAN DESDE BARES A LAS ISLAS CIES. AQUEL ANTEPASADO NUESTRO QUE HACÍA LOS `CONCHEIROS´ O `KJIOKENMODDINGS´ COMO LES GUSTA A LOS CIENTÍFICOS, SERÍA UNO DE LOS PRIMEROS HOMBRES DE MUNDO QUE OSÓ COMER LO QUE TENÍA DENTRO UN MONSTRUO DE PODEROSAS PINZAS AGRESIVAS COMO UNA ENORME CENTOLLA (...) EN EL MORTERO PARA LA CONSTRUCCIÓN DE LAS MURALLAS DE LUGO HAN SIDO EMPLEADAS DOCENAS DE CONCHAS DE OSTRAS Y VIEYRAS. (Álvaro Cunqueiro, *Cocina Gallega*).

Sopa de manteca

INGREDIENTES

300 gr de pan de centeno
50 gr de manteca
4 huevos
1 1/2 l de agua
Sal, a gusto
Rebanadas de pan de centeno, para
  decorar

PROCEDIMIENTO

Cortar el pan en rodajas finas, ubicarlo en una cazuela y cubrir con agua fría. Cuando rompa el hervor incorporar la manteca y la sal y dejar cocinar hasta que el pan se deshaga, aproximadamente 1 hora. Antes de servir, escalfar los huevos y dejar que cuajen.
Servir caliente, decorando con rebanadas de pan de centeno.

LOS BRETONES ERAN TAN FANÁTICOS DE LA MANTECA QUE UNO DE SUS REFRANES DECÍA: "COMO LA URRACA COME LA PERA, ASÍ EL BRETÓN COME LA MANTECA". ESTA MISMA AFICIÓN EXPLICA POR QUÉ LOS IRLANDESES COMÍAN LA CARNE CASI CRUDA: LA MANTECA SE QUEMA RÁPIDAMENTE Y NO PERMITE COCCIONES PROLONGADAS. CLARO QUE UN BUEN DÍA CIERTO INGENIOSO IRISH GAËL AGREGÓ UN CHORRITO DE WHISKY A LA OLLA Y GUISÓ EL CORDERO HASTA LOGRAR EL PUNTO DESEADO.

Sopa irlandesa

INGREDIENTES

3 papas
2 cebollas
50 gr de manteca
1/2 l de leche
4 cucharadas de caldo de verduras
1 ramita de tomillo
1 hoja de laurel
1 ramita de perejil
Sal y pimienta, a gusto
Ciboulette picado y perejil, para
   decorar

PROCEDIMIENTO

Derretir la manteca en una cazuela y rehogar las cebollas cortadas y las papas cortadas en rodajas muy delgadas. Salpimentar, añadir el caldo de verduras y cocinar por 20 minutos. Luego, agregar la leche, el tomillo, el perejil y el laurel y cocinar, tapando, por 30 minutos. Retirar y procesar o licuar la preparación hasta obtener una crema bien lisa.

Servir bien caliente en cazuelas individuales, adornando con el ciboulette y hojas de perejil.

LA MAYORÍA DE LOS LAGOS Y LAGUNAS DE IRLANDA TIENEN LEYENDAS DE DRAGONES O SERPIENTES GIGANTES. LA MAYORÍA DE ESTOS ANIMALES FANTÁSTICOS EN LAS SAGAS DE ERIN FUERON ELIMINADOS POR FINN MACCUMHALL, O POR ALGUNO DE LOS ANTIGUOS SANTOS CRISTIANOS QUE LLEGARON A LA ISLA EN SUS MISIONES DE EVANGELIZACIÓN, COMO SAN JORGE, MATADOR DEL FAMOSO DRAGÓN DE DOS CABEZAS.

Sopa de merluza y legumbres

INGREDIENTES

500 gr de filetes de merluza sin
  espinas
1 l de caldo de pescado
100 gr de habas verdes
100 gr de guisantes
1 cucharada de manteca
1 zanahoria
1 cebolla
2 hojas de col
1 diente de ajo
1 cucharada de harina
Hojas de hierbabuena
Sal, a gusto
Harina, cantidad necesaria para
  rebozar la merluza
Aceite, para freír
Crostones de pan frito

PROCEDIMIENTO

Derretir la manteca (reservar una cucharada) en una cazuela y rehogar la cebolla y la zanahoria cortadas en rodajas delgadas. Añadir el diente de ajo picado, salar y cocinar unos minutos más. Incorporar las habas y los guisantes, previamente cocinados en agua con sal, y el caldo de pescado. Agregar las hojas de col cortadas en cuadrados, espumar, tapar y cocinar por 1 hora. A mitad de la cocción añadir la cucharada de manteca reservada. Mientras tanto, cortar la merluza en dados grandes, rebozarlos con harina, freírlos en aceite y escurrir sobre papel absorbente. Reservar al calor.
Para servir, colocar la merluza frita en una fuente honda y verter encima la sopa bien caliente, decorando con los crostones.

LA PALABRA SOPA DERIVARÍA DEL VOCABLO LATINO "SAPA", QUE SE REFERÍA AL MOSTO CONCENTRADO, Y SE CONVIRTIÓ EN LA VOZ ITALIANA "ZUPPA". EN ALEMÁN "SUPEN" ERA SINÓNIMO DE "SAUFEN" (BEBER), QUE ERA LA MANERA DE INGERIR LA SOPA. (Harry Schramli, *Historia de la Gastronomía*).

Estofado de buey al modo Astur

INGREDIENTES

500 gr de carne de buey en un solo
  trozo
100 gr de panceta ahumada cortada
  en fetas
4 manitos de cerdo
3 cebollas
2 zanahorias
2 nabos
50 gr de manteca de cerdo
1/2 l de vino tinto
3 cucharadas de vinagre de vino
1 atadito de hierbas aromáticas
Sal y pimienta, a gusto

PROCEDIMIENTO

Salar la carne y dorarla en la manteca en una cazuela. Añadir las cebollas cortadas en rodajas finas, la panceta, las manitos de cerdo, las zanahorias y los nabos cortados en rodajas y el atadito de hierbas aromáticas. Revolver y agregar el vino tinto y el vinagre. Tapar y cocinar a fuego lento por 90 minutos, hasta que la carne esté tierna. Si llega a faltar líquido durante la cocción, agregar un poco de agua o caldo, pero el estofado debe formar una salsa más bien corta. Servir, ubicando la carne y las manitos de cerdo en el centro de una fuente, y alrededor las verduras. Cubrir con la salsa.

LA HISTORIA CENTRAL DEL CICLO LITERARIO DEL ULSTER (IRLANDA DEL NORTE) ES LA "CACERÍA DEL TORO DE QUAILNGÉ", UN RELATO MÍTICO EN EL CUAL LA REINA DE LA MAGIA MAEDHB, DE CONNAUGT, Y SU EJÉRCITO INTENTAN ROBAR EL TORO DONN QUAILNGÉ, PROPIEDAD DE LOS GUERREROS DEL ULSTER. LA REINA DESEABA EL FABULOSO TORO PARA IGUALAR EN POSESIONES A SU ESPOSO, EL REY AILILL, QUIEN POSEÍA UN HERMOSO EJEMPLAR BLANCO LLAMADO FINNBENNACHT.
A LO LARGO DE LA SAGA SE RELATAN HAZAÑAS DE CUCHULAINN (SEMIDIÓS SIMILAR AL HÉRCULES GRIEGO) Y SUS COMPAÑEROS CONALL CERNACH Y LOIGAIRE BUADACH, QUIE-

nes deben luchar contra las fuerzas sobrenaturales que la reina Maedhb lanza contra ellos.

Finalmente, después de concretar actos de extremo heroísmo, CuChulainn muere víctima de los hechizos de los druidas al servicio de la reina.

Éstos son los que le ofrecen una comida confeccionada con carne de perro, obligándolo así a violar dos poderosos "geasa" (que eran prohibiciones impuestas a los héroes) de ingerir dicha carne. Cuchulainn así, no puede escapar de un destino trágico.

Ternera con salsa de castañas

INGREDIENTES

1 kg de carne de ternera (colita de
   cuadril, bola de lomo o nalga)
150 gr de panceta ahumada
100 gr de ciruelas secas
100 gr de castañas cocidas en leche
2 cucharadas de vino blanco seco
1 cucharada de harina (o de fécula de
   maíz)
Sal, a gusto
Caldo de carne, cantidad necesaria
Hojas de ciboulette, para decorar

PARA EL ADOBO

6 granos de pimienta negra
1 hoja de laurel
2 dientes de ajo
1 ramita de tomillo
1 cucharadita de orégano
1/2 l de vino blanco seco
50 gr de manteca

PROCEDIMIENTO

Hacer cortes en la superficie de la carne y mechar con 100 gr de panceta ahumada cortada en tiras delgadas. Hacer una pasta con la ciruelas, las castañas, el resto de la panceta picada y dos cucharadas de vino blanco. Abrir la carne por el medio (como un libro) y con la mitad de esta pasta rellenarla, bridándola para que no pierda la forma. Salar la carne y marinarla unas horas con el adobo. Luego ubicarla en una fuente y cocinarla en un horno fuerte para sellarla, bajar el fuego y seguir la cocción por 1 hora, agregando caldo y el jugo de cocción por encima de la pieza. Cuando la carne esté en el punto deseado, reservarla al calor, pasar los jugos de cocción por un colador chino a una sartén y agregar la pasta de castañas restante. Mezclar bien, mientras se calienta en el fuego y ligar con una cucharada de harina. Cortar la carne, bañarla con la salsa, decorar con hojas de ciboulette y servir bien caliente.

CUANDO SE COME CARNE A SATISFACCIÓN ACOMPAÑADA POR UN BUEN VINO, LOS LÓBULOS DE LAS OREJAS ENROJECEN: ES LA HORA DE DAR LAS MALAS NOTICIAS O DE PEDIR FAVORES. (Refrán popular).

Pollo con coles

INGREDIENTES

1 pollo
100 gr de manteca de cerdo
1 col con sus hojas
1 vaso de vino blanco seco
1 cucharada de vinagre de alcohol
1 cebolla
2 cucharadas de perejil picado
2 hojas de laurel
1 ramita de tomillo
1 cucharada de harina
Caldo de verduras, cantidad
  necesaria
Sal, a gusto

PROCEDIMIENTO

Trocear el pollo en ocho partes y dorarlo en la manteca. Añadir la cebolla picada, salar, espolvorear con la harina y cubrir con el caldo. Agregar las hojas de laurel, la ramita de tomillo, el perejil picado, el vino blanco y el vinagre. Tapar la cazuela y cocinar a fuego lento una hora y media. Mientras tanto, lavar y picar la col (incluso las hojas) y cocinarla en agua con sal por 20 minutos. Escurrir e incorporar a la cazuela con el perejil picado y cocinar 15 minutos más. Servir las presas en el centro de la fuente, adornando alrededor con la col y bañando el pollo con la salsa (si fuera necesario, se puede espesar con una cucharada de harina o fécula de maíz).

LAUREL (LAURUS) DERIVA DE LA PALABRA CELTA "LAWR" QUE SIGNIFICA VERDE. EN LAS MITOLOGÍAS GRIEGA Y ROMANA, LA NINFA DAFNE LE SUPLICÓ A SU PADRE QUE LA TRANSFORMARA EN LAUREL PARA IMPEDIR SER ATACADA POR APOLO, QUE LA CODICIABA. ÉSTE CONVIRTIÓ A ESE ÁRBOL EN SAGRADO, Y SE CIÑÓ ÉL MISMO CON UN CORONA CONFECCIONADA CON SUS HOJAS, DECLARANDO QUE LO MISMO HARÍAN TODOS LOS HOMBRES QUE REGRESARAN VICTORIOSOS DE UNA BATALLA. EL LAUREL TAMBIÉN SE OFRECIÓ A POETAS, ESTADISTAS, ATLETAS, PESCADORES QUE APRESABAN UN ESTURIÓN, Y A CUALQUIERA QUE SE DISTINGUIERA POR ALGUNA HAZAÑA NOTABLE.

Sopa de ajos

INGREDIENTES

5 dientes de ajo
2 huevos
1 1/2 l de caldo de verduras
4 cucharadas de aceite
150 gr de pan del día anterior
1 cucharada de pimentón
Sal y pimienta negra recién molida,
   cantidades necesarias

PROCEDIMIENTO

Cortar el pan en cubos pequeños, freírlos en una sartén y luego ubicarlos en una cazuela de barro. En el mismo aceite dorar los ajos cortados en láminas, retirar la sartén del fuego y añadir el pimentón. Revolver con una cuchara de madera y verter esta preparación en la cazuela, sobre los crostones de pan. Agregar el caldo, salar y dejar cocinar por 20 minutos. Luego, batir los huevos e incorporarlos a la sopa. Cuando hierva, espolvorear con pimienta negra recién molida. Servir bien caliente.

LA PALABRA "AJO" (ALLIUM), DERIVA DEL CELTA "ALL", QUE SIGNIFICA CALIENTE. EN EGIPTO SE DABA AJO A LOS OBREROS QUE CONSTRUÍAN LAS PIRÁMIDES, COMO FORTALECEDOR DEL CUERPO Y ALIMENTO. EN ROMA SE LE DABA A LOS SOLDADOS ANTES DE LAS BATALLAS, YA QUE EL AJO ESTABA DEDICADO A MARTE, EL DIOS DE LA GUERRA. SE CREÍA QUE PROTEGÍA CONTRA TODOS LOS MALES DEBIDO A SUS FUERTES PROPIEDADES ANTISÉPTICAS. LOS MAGOS, AL UTILIZARLO, INVOCABAN AL ELEMENTO FUEGO, Y LUEGO COLGABAN AJOS EN LAS COCINAS HASTA QUE SE SECABAN, YA QUE CREÍAN QUE AHUYENTABAN LOS MALOS ESPÍRITUS. NUNCA UTILIZABAN ESTOS AJOS PARA COCINAR.

Sopa montañesa

INGREDIENTES

1 pan de bolla
3 chorizos blancos frescos
   o colorados
4 huevos
1 l de caldo de verduras

PROCEDIMIENTO

Cortar el "mollete" (pan) en rodajas, tostarlas y ubicarlas en una cazuela cubriendo el fondo. Hervir los chorizos por 30 minutos, dejar enfriar y cortarlos en rodajas que se colocarán sobre las tostadas. Cubrir con otra capa de pan y así sucesivamente hasta que la cazuela esté por la mitad. Verter el caldo caliente, tapar y cocinar a fuego lento por 45 minutos. Cuando se esté por servir se escalfa un huevo por comensal y se espera que cuajen.

HOY LE LLAMAMOS "BORONA" O "BROA", PALABRA SIN DUDA PRE ROMANA, A LA "BOLLA" O PAN DE MAÍZ, PERO, ¿A QUÉ SE LO LLAMARÍAMOS ANTES DE QUE VINIESE EL MAÍZ DE AMÉRICA? ¿SE HARÍA UNA GALLETA DE MIJO MENUDO? EL MIJO Y LA AVENA, LAS "PAPAS DE ARRANDA" O PAPAS DE AVENA, DESAPARECIERON DE LA ALIMENTACIÓN DEL GALLEGO EN EL ÚLTIMO SIGLO. *(Álvaro Cunqueiro, Cocina Gallega).*

Conejo asado con nabos y castañas

INGREDIENTES

1 conejo
2 cebollas
1 hoja de laurel
2 nabos
150 gr de castañas
1/4 de vaso de vino blanco seco

PARA EL ADOBO

5 dientes de ajo machacados
100 gr de manteca de cerdo
Ramitas de perejil
Ramitas de tomillo
Sal y pimienta, a gusto

PROCEDIMIENTO

Limpiar el conejo, retirarle la cabeza, abrirlo al medio y untarlo bien, por dentro y por fuera, con el adobo. Dejarlo así por 12 horas. Luego, colocarlo en una fuente para horno y añadir las cebollas cortadas en rodajas gruesas y el laurel. Cocinarlo en un horno a fuego moderado por 90 minutos, hasta que esté dorado. Mientras tanto cocinar los nabos en agua hirviendo por 30 minutos y las castañas en leche (ver la receta en la parte de postres) y reservar al calor. Rociar el conejo con el vino y servirlo con los nabos y las castañas, bañadas con el jugo de cocción de la carne.

CUENTA LA LEYENDA QUE DESPUÉS DE MUCHOS SIGLOS DE SOLEDAD, LLEGÓ A IRLANDA EL PRÍNCIPE PARTHOLAN, PROCEDENTE DEL "PAÍS DE LAS HADAS", CON 80 HOMBRES Y 80 MUJERES.
EN ESA ÉPOCA LA TIERRA ERA UNA PLANICIE ÚNICA, PERFORADA POR TRES LAGOS Y RECORRIDA POR NUEVE RÍOS.
LA NUEVA TIERRA, POR OBRA DE PARTHOLAN, CONTARÍA, EN ADELANTE, CON CUATRO LLANURAS Y SIETE LAGOS FLAMANTES.
UNO DE LOS LAGOS SERÍA EL RURY, FORMADO DURANTE LA CONSTRUCCIÓN DEL "BA-

RROW" DE RURY, EL FALLECIDO HIJO DE PARTHOLAN. PERO SUCEDIÓ QUE AL CABO DE
300 AÑOS LOS DESCENDIENTES DEL PRÍNCIPE SUMABAN YA LA IMPORTANTE CIFRA DE
5000.
PERO EL FIN DE LA SAGA DE PARTHOLAN EN IRLANDA LLEGÓ ESPONTÁNEAMENTE UN 1º
DE MAYO, CUANDO CELEBRABAN EN LA NOCHE DE BELTAYNE EL TRICENTENARIO DE SU
DESEMBARCO EN LA ISLA.
ESE DÍA ESTABAN REUNIDOS EN LA ANTIGUA LLANURA DE SENMAG CUANDO FUERON
VÍCTIMAS DE UNA EXTRAÑA EPIDEMIA QUE LOS EXTERMINÓ.

Paleta a la armoricana

INGREDIENTES

1 paleta de cerdo con hueso
1 1/2 kg de habas verdes
3 cebollas
1 vaso de vino blanco (o agua)
1 cucharada de harina
Grasa de cerdo, cantidad necesaria
Crema de leche, cantidad necesaria
Sal, a gusto

PROCEDIMIENTO

Untar bien la paleta con la grasa de cerdo, condimentarla con sal y ubicarla en una fuente. Cocinarla en un horno bien caliente. Cuando comience a dorarse, añadir las cebollas cortadas en aros y el vino, y seguir cocinando media hora más, momento en que se da vuelta la paleta y se la rocía con sus jugos, volviéndola al horno y continuando la cocción por otra media hora. Mientras tanto, se hierven las habas (a las que previamente se les retira la primera piel) en agua con sal por 15 minutos y se las reserva al calor. Servir la paleta cubierta con una salsa que se prepara tamizando sus jugos y ligándolos con crema y la cucharada de harina, y adornando con las cebollas y las habas.

UNA VECINA DE CASTROMAO TENÍA UN CERDO QUE TODAS LAS MAÑANAS, EN CUANTO LE ABRÍAN LA PUERTA, SE IBA PARA EL CASTRO Y NO VOLVÍA HASTA LA NOCHE. LA VECINA DESCONFIÓ Y PENSÓ SI LOS `MOUROS` NO ESTARÍAN DÁNDOLE DE COMER, YA QUE EN LA CASA NO PROBABA NI UNA MIGA DE PAN Y SIN EMBARGO ESTABA TAN GORDO QUE DABA GUSTO VERLO. PERO CUANDO LLEGÓ EL TIEMPO DE SACRIFICARLO, Y LA SEÑORA SE PREPARÓ PARA LA MATANZA, EL CERDO DESAPARECIÓ Y NUNCA MÁS SE SUPO DE ÉL. (Leyenda gallega de tradición oral).

Sopa de anguilas bretona

INGREDIENTES

1 kg de anguilas
4 zanahorias
150 gr de habas blancas
100 gr de jamón ahumado
1 hueso de jamón
3 manzanas reinetas
300 gr de puerros
Sal y pimienta, a gusto
100 gr de manteca
Perejil picado, cantidad necesaria

PROCEDIMIENTO

Rehogar los puerros cortados en trozos en la manteca. Añadir el jamón ahumado cortado en cubos y las zanahorias en rodajas. Incorporar las habas blancas, previamente remojadas desde el día anterior, y el hueso del jamón. Cubrir con agua, salpimentar y cocinar por una hora y media. Luego, cortar las manzanas en cuartos, añadirlas a la preparación y continuar la cocción media hora más. Limpiar la anguila, cortarla en trozos y agregarla a la sopa cocinando otra media hora.

Servir caliente, retirando el hueso y espolvoreando con perejil picado.

HAY TRES CLASES DE PERSONAS QUE NO LLEGARÁN DERECHO AL PARAÍSO POR EL CAMINO REAL; SON, A SABER: LOS SASTRES, DE LOS CUALES SON NECESARIOS NUEVE PARA HACER UN HOMBRE, QUE PASAN EL DÍA SENTADOS Y TIENEN LAS MANOS BLANCAS; LOS HECHICEROS, QUE HACEN SORTILEGIOS, SOPLAN EL MAL VIENTO Y HAN HECHO PACTO CON EL DIABLO; Y LOS RECAUDADORES DE IMPUESTOS, QUE SE PARECEN A LAS MOSCAS BORRIQUERAS, QUE CHUPAN LA SANGRE DE LOS ANIMALES. (Antiguo proverbio bretón).

Corona de cordero Rey Arturo

INGREDIENTES

2 costillares de cordero
150 gr de panceta
1 zanahoria
200 gr de queso de oveja
100 gr de queso tipo parmeggiano
4 huevos
200 gr de repollo
200 gr de col
100 gr de manteca
Sal y pimienta, a gusto
Hojas verdes, para decorar

PROCEDIMIENTO

Pedir al carnicero que corte la parte superior de los costillares para que queden parejos. Limpiar los huesos de las costillas hasta la mitad con un cuchillo filoso, hasta dejarlos sin restos de carne. Unir los costillares formando un círculo, ayudándonos con un hilo, y ubicar esta "corona" en una fuente. Enmantecarla y salpimentarla y cocinar en horno fuerte por 30 minutos. Retirar y reservar al calor. Mientras tanto, cocinar separados la col, el repollo y la zanahoria en agua hirviendo con sal por 30 minutos. Luego procesar los vegetales con la panceta, los quesos y los huevos hasta obtener una pasta homogénea. Con esa preparación rellenar la corona de cordero y volver al horno por unos minutos para gratinar. Retirar el hilo y servir en una fuente, adornando con hojas verdes.

La famosa Mesa Redonda, a la que se sentaban Arturo y sus caballeros, fue construida por el mago Merlín para el rey belga Leodegan, padre de Ginebra, quien la aportó como dote de su matrimonio con Arturo. Se interpreta que la redondez de la mesa es un símbolo de la esferidad del Universo. En ella, al no existir una cabecera definida, los caballeros se igualaban automáticamente en rango. (Leyenda bretona).

Setas de Waterhound

INGREDIENTES

2 papas grandes
1 cebolla
100 gr de setas
2 cebollas de verdeo
2 dientes de ajo
1 zanahoria
50 gr de manteca
Sal y pimienta, a gusto

PROCEDIMIENTO

Cocinar las papas en agua hirviendo por 20 minutos y la zanahoria por 30 minutos, ambas cortadas en cubos. Escurrir y reservar. Rehogar las cebollas cortadas finamente en la manteca. Añadir las setas (previamente cepilladas o limpiadas con un paño para retirarles la tierra) y los dientes de ajo picados y rehogar todo unos minutos. Finalmente incorporar las papas y las zanahorias, mezclar bien, salpimentar y cocinar unos minutos más.
Servir bien caliente.

LOS ROMANOS ERAN MUY AFICIONADOS A LAS SETAS Y CONOCÍAN MUCHAS VARIEDADES DE LAS MISMAS: AGARICOS, BOLETOS, MUY ELOGIADOS POR MARCIAL (ESCRITOR HISPANO LATINO), LACTARIOS, RUSSULAS, ETC. SIN DUDA LA MÁS APRECIADA ERA LA CONOCIDA CON LA DENOMINACIÓN DE "AMANITA CESÁREA", MUY TÓXICA, QUE FUE LA UTILIZADA POR AGRIPINA PARA ENVENENAR A SU ESPOSO, EL EMPERADOR CLAUDIO. A LAS TRUFAS LAS SUPONÍAN ENGENDRADAS POR EL RAYO Y SE BUSCABAN CON AYUDA DE UN CERDO QUE HOZABA EN EL SUELO. (M. M. Martínez Montiño, *Historia de la Gastronomía Española*).

Potaje de lentejas

INGREDIENTES

200 gr de lentejas
2 muslos de pato
2 muslos de pollo
2 chorizos blancos frescos
2 dientes de ajo
1 puerro
2 zanahorias
1 l de caldo de ave
50 gr de manteca de cerdo
Sal y pimienta, a gusto

PROCEDIMIENTO

Remojar las lentejas en agua desde el día anterior. Ubicar en una cazuela los muslos de pato y pollo, cubrirlos con el caldo y cocinar 30 minutos a fuego mínimo. Incorporar las lentejas y seguir la cocción por otros 30 minutos. Añadir las zanahorias y el puerro cortados en rodajas y los ajos machacados. Salpimentar y seguir cocinando por 30 minutos más. Cortar los chorizos en rodajas gruesas, dorarlos en la manteca de cerdo y agregarlos al potaje. Llevar la cazuela al horno y cocinar hasta que el caldo se haya reducido a la mitad, aproximadamente 15 minutos. Servir bien caliente.

Dígame -lo interrumpió Maggie- ¿qué le daría usted a la persona que le devolviera la vida a sus hijos?
-Le daría todo lo que tengo, -respondió el hacendado-, dentro y fuera de la casa, pero eso es imposible, nadie les puede devolver la vida...
-Bien, yo puedo hacerlo. Y no quiero todo lo que me ofreció. Sólo le pido en matrimonio a su hijo mayor y el Gort na Leachtan (campo de Dólmenes) como dote.
El hombre cedió el campo mediante un documento de su propio puño y letra y

LA JOVEN HIZO SALIR A TODOS DE LA CASA Y QUEDÓ ELLA SOLA CON LOS TRES JÓVENES FALLECIDOS.

TAN PRONTO COMO LA ÚLTIMA DE LAS LLORONAS SE HUBO MARCHADO, SACÓ UN PAÑUELO, LO ABRIÓ Y COLOCÓ EN LA BOCA DE CADA MUCHACHO TRES BOCADOS DEL GUISO DE LENTEJAS QUE HABÍA COMIDO EL FANTASMA. ENSEGUIDA, LOS TRES RECOBRARON SU COLOR NATURAL Y SE VISTIERON CON RAPIDEZ.

AL SALIR, SE ASOMBRARON DE VER TANTAS PERSONAS ALREDEDOR. (Fragmento de "El fantasma bebedor de sangre", de *Tales of the Fairies*, Boston, 1893)

Almejas con salsa verde

INGREDIENTES

2 kg de almejas
2 hojas de laurel
1/2 cebolla
4 cucharadas de perejil picado
1 taza de miga de pan remojada en
  leche
6 cucharadas de aceite
2 cucharadas de vinagre
Unas hebras de azafrán
Sal, a gusto

PROCEDIMIENTO

Lavar bien las almejas y ubicarlas en una olla con un poco de agua, sal y laurel. Llevar al fuego, tapar y esperar que se abran. Desechar las que queden cerradas, reservar las abiertas y colar el agua de cocción.

Aparte, dorar la cebolla picada en el aceite, agregar el perejil picado, el agua de cocción, el vinagre, la sal, unas hebras de azafrán y la miga de pan. Cocinar por 15 minutos, añadir las almejas y seguir la cocción 15 minutos más.

Servirlas con el jugo, espolvoreando con perejil picado.

Las leyendas dicen que las brujas utilizaban perejil en sus pócimas pues les permitía volar en sus escobas. Los magos al usarlo invocaban el elemento tierra y bebían el perejil en infusión, solo o combinándolo con otras hierbas para aumentar su poder. Decían los antiguos que el perejil era bueno para conjuros relacionados con el bienestar físico, y para restaurar la salud, la fuerza y la vitalidad.

Tortilla guisada

INGREDIENTES

6 huevos
2 yemas de huevo cocidas
2 rebanadas de pan remojado
   en leche
2 cebollas
2 cucharadas de perejil picado
3 dientes de ajo
1/2 l de caldo de verduras
4 cucharadas de aceite
50 gr de manteca
Sal y pimienta, a gusto
Una pizca de canela
Unas hebras de azafrán

PROCEDIMIENTO

Picar las cebollas y rehogar en aceite la mitad en una sartén por 5 minutos, añadir el pan remojado en leche, una cucharada de perejil picado y mezclar bien. Batir los huevos con la sal y la pimienta y agregarlos a la sartén. Dejar que se cuajen y dar vuelta con la ayuda de un plato para cocinar la tortilla del otro lado. Retirarla y colocarla en una cazuela más grande. Rehogar el resto de la cebolla picada, la otra cucharada de perejil y los dientes de ajo picados en la misma sartén con la manteca y cuando esté tierna añadir el caldo y sazonar con sal, pimienta, canela y azafrán. En tres cucharadas de esta salsa desleir las yemas de huevo cocidas e incorporarlas a la sartén, dejando hervir unos minutos para que se amalgamen los sabores. Verter la salsa en la cazuela con la tortilla, calentar unos segundos y servir.

Ateneo, en su Festín de los Sabios (siglo III), afirma que ya en tiempos de Pericles había excelentes libros de cocina, y cuenta que: "El poeta Arquestrato era amigo de los hijos de Pericles y había atravesado países y mares para conocer por propia experiencia sus más ricos productos. En estos viajes, sin embargo, no se enteraba de las costumbres de los pueblos, ya que tales conocimientos son inútiles, pues las costumbres no se pueden cambiar, sino que visitaba la cocinas de los lugares donde nacieron los placeres de la mesa y sólo trataba con personas que cultivaban tal arte. Su poema `Hedypatheiar` ("El

BUEN COMER") ES UNA FUENTE DE CONOCIMIENTOS Y NO CONTIENE UN SOLO VERSO
QUE NO SEA UNA PRESCRIPCIÓN CULINARIA. MUCHOS COCINEROS HAN ADQUIRIDO EN
ESTE POEMA LOS FUNDAMENTOS DE UN ARTE QUE LES HA LLEVADO A LA INMORTALIDAD".
ARQUESTRASTO ACONSEJABA UNA COCINA MUY NATURAL Y POCO SAZONADA, A DIFE-
RENCIA DE LA ROMANA QUE ABUSABA DE LAS ESPECIAS. Y EN SU POESÍA DA INFORMA-
CIÓN PARA PREPARAR PAN Y GUISAR LIEBRES. LA MAYORÍA DE LOS PUEBLOS ANTIGUOS
TENÍAN UN HONDO Y CUIDADO SENTIDO ESTÉTICO, POR LO QUE ES DE SUPONER QUE
EN EL TERRENO CULINARIO UTILIZARÍAN EL MISMO CRITERIO.

Ostras al estilo de Cornualles

INGREDIENTES

16 ostras
6 dientes de ajo
1/4 l de vino blanco seco
2 cucharadas de vinagre
4 hojas de laurel
6 granos de pimienta negra
2 cucharadas de aceite
Sal y pimienta, a gusto
Gajos de limón, para decorar

PROCEDIMIENTO

Abrir las ostras, separarlas de las conchas y secarlas, poniendo especial cuidado en retirar los restos de arena y otras impurezas que contengan.

Poner las 2 cucharadas de aceite en una sartén y freír las ostras por 5 minutos. Retirarlas y en el mismo aceite agregar los dientes de ajo cortados al medio, el vino, el vinagre, el laurel y los granos de pimienta. Dejar cocinar 10 minutos y salpimentar.

Esperar a que se enfríen, volver a ponerlas en las conchas, cubrir con la salsa de cocción y servir, decorando con gajos de limón.

Muchas leyendas celtas mencionan caballos saliendo de un lago o del mar. En las regiones occidentales de Asia, tierra clásica de las divinidades protectoras y domadoras de animales, es precisamente donde hay que buscar el origen del tema iconográfico y religioso de las divinidades protectoras de los caballos. Es en estas regiones occidentales de Asia donde aparecen los escitas que a través del Mediterráneo llegan a España, y después se asientan en Irlanda tal y como reseña el manuscrito celta llamado Leabhar Ghabhald (Libro de las invasiones)". (J. M. Blázquez, *Imagen y mito*).

Cabrito en leche

INGREDIENTES

1 1/2 kg de paletilla de cabrito
1 l de leche
12 cebollas muy pequeñas
12 castañas ya cocidas
150 gr de manteca de cerdo
1 hoja de laurel
1 ramita de tomillo
1 ramita de perejil
8 crostones de pan frito
1 cucharada de harina
Sal y pimienta, a gusto

PROCEDIMIENTO

Cortar la carne en trozos regulares y saltearlos en la manteca hasta que se doren. Retirarlos y colocarlos en una cazuela. En una sartén rehogar en un poco de manteca las cebollitas enteras y las castañas, y luego colocar todo en la cazuela. Cubrir con la leche, añadir el laurel, el perejil y el tomillo, salpimentar y cocinar una hora a fuego mínimo. Espesar la salsa con la cucharada de harina y servir bien caliente, adornando con los crostones de pan frito.

A UN JOVEN QUE CUIDABA EL GANADO CERCA DE UN CASTRO, SE LE ACERCÓ UNA BELLÍSIMA DONCELLA QUE SE PEINABA LOS RUBIOS CABELLOS CON UN PEINE DE ORO.
–¡AY SEÑORA, SI ME DIERA ESE PEINE CON QUE SE ARREGLA EL CABELLO! –DIJO EL PASTOR.
–TE DARÉ EL PEINE Y MUCHO MÁS, SI HACES LO QUE TE DIGA Y NO TE ACOBARDAS. Y LA BELLÍSIMA DONCELLA LE DIJO AL ASOMBRADO JOVEN QUE LE LLEVASE AL DÍA SIGUIENTE UNA CUNCA LLENA DE LECHE BENDITA Y QUE NO SE ATEMORIZASE POR LO QUE VIERA. Y, SONRIENDO, AGREGÓ QUE MIENTRAS ELLA BEBÍA LA LECHE, ÉL DEBÍA SOSTE-

NER LA CUNCA CON SUS MANOS, QUE NO DEBÍAN TEMBLAR. AL DÍA SIGUIENTE, CUAN-
DO EL PASTOR FUE CON LA CUNCA AL LUGAR SEÑALADO, LE SALIÓ AL PASO UNA GRAN
COBRA QUE SE PUSO A BEBER TODA LA LECHE.

EL JOVEN, A PESAR DE SUS TEMORES, NO SE AMILANÓ Y SOSTUVO LA CUNCA FIRMEMEN-
TE, SIN QUE LE TEMBLARAN LAS MANOS.

CUANDO LA SERPIENTE TERMINÓ DE BEBER, SE CONVIRTIÓ INMEDIATAMENTE EN LA BELLA
MUJER DEL DÍA ANTERIOR.

Y LE DIO AL VALIENTE MUCHACHO MUCHAS JOYAS Y ORO. (Leyenda gallega de tradición oral).

Chuletas de cordero con castañas

INGREDIENTES

8 chuletas de cordero
500 gr de castañas
8 fetas de panceta ahumada

PARA EL ADOBO

1/2 vaso de jugo de limón
50 gr de manteca
Sal y pimienta, a gusto

PROCEDIMIENTO

Asar las castañas, sin pelar, en las brasas, ubicándolas en una lata. Están listas en 30 minutos aproximadamente. Retirarles la piel y reservarlas al calor. Mientras tanto, adobar las chuletas con el jugo de limón, la manteca, sal y pimienta por 2 horas y asarlas sobre una parrilla, primero 20 minutos y luego 10 minutos más cuando se las da vuelta, en ese momento se les colocará encima las fetas de panceta. Servir, acompañando con las castañas.

Éste es un plato recomendable para comer al viejo estilo: con las manos.

Dicen que hace años, en un lugar llamado Val do Mao, estaban dos vecinos cuidando ovejas al pie de un castro y vieron un hada que estaba hilando copos de oro. En una piedra de ese castro, está estampada la herradura de un burro, y se dice que ese animal trajo desde Anduxar al Val do Mao las reliquias de San Eufrasio, que tiene el sepulcro en el céntro de la iglesia del pueblo. Hace algunos años un vecino encontró en dicho castro una reja de arado toda de oro, y la llevó para vender a Monforte de Lemos, recibiendo muchos ducados por ella". (De *Contos populares de Lugo*).

Irish stew

INGREDIENTES

2 kg de cuello de cordero
3 cebollas
1 kg de papas
Sal y pimienta, a gusto
Hojas de perejil, para decorar

PROCEDIMIENTO

Quitar la piel, limpiar y cortar en lonchas la carne de cordero. Ubicarlas en el fondo de una cazuela hasta cubrir toda su superficie, y disponer por encima las cebollas cortadas en aros. Alternar sucesivas capas de carne y cebollas, cubrir con agua y cocinar por 30 minutos. Luego, retirar la mitad de esta preparación y ubicarla en el fondo de otra cazuela, condimentando con sal y pimienta. Cortar las papas en rodajas y colocarlas sobre la mitad del guiso, cubrir con el resto y poner sobre éste las papas restantes, siempre condimentando, al ubicar las capas, con sal y pimienta, tapar y cocinar a fuego lento por 1 hora. Antes de servir, dejar reposar unos minutos.

UNA ANTIGUA LEYENDA IRLANDESA, RECOGIDA EN UN POEMA ANÓNIMO RECOPILADO EN EL SIGLO X, HABLA DE LA ANCIANA DE BEARE Y DICE QUE ÉSTA TENÍA EL DON SOBRENATURAL DE PODER REJUVENECER, DESPUÉS DE SER UNA ANCIANA, SIETE VECES. CUANDO EL HOMBRE QUE VIVÍA CON ELLA SE CONVERTÍA EN ANCIANO Y MORÍA, ERA EL MOMENTO EN QUE SE TRANSFORMABA EN UNA BELLA JOVEN, VOLVIENDO A UNIR SU VIDA A OTRO HOMBRE. DICE LA LEYENDA QUE FUE MADRE DE LECHE DE CINCUENTA NIÑOS. DURANTE MUCHOS AÑOS LLEVÓ EL VELO QUE LA BRUJA CUIMNE PUSO SOBRE SU CABEZA, UN VELO QUE TENÍA EL PODER DE REJUVENECER. (R. Sainero, *Sagas Celtas Primitivas*).

Salmón asado

INGREDIENTES

1 1/2 kg de salmón
Sal, a gusto
Hojas de laurel y rodajas de limón
 para decorar

PARA EL ADOBO

1/2 cebolla
2 dientes de ajo
1 hoja de laurel
1 ramita de perejil
1 ramita de tomillo
1 taza de aceite
Jugo de 1 limón

PROCEDIMIENTO

Cortar el salmón en 4 trozos de 350 gr aproximadamente. Salarlo y ponerlo a marinar una hora con la cebolla picada, el laurel, los dientes de ajo aplastados, las ramas de perejil y tomillo, el aceite y el jugo de limón. Retirarlo del adobo y colocar los trozos de salmón en una parrilla bien caliente. Asar 5 minutos de cada lado. Cuando esté a punto, la espina se separará fácilmente de la carne. Servir en una fuente sobre hojas verdes, o adornando con rodajas de limón y hojas de laurel.

ES SABIDO QUE EL SALMÓN NO ABANDONA NUNCA LAS AGUAS DE LA CUENCA FLUVIAL DONDE NACIÓ.
UN SALMÓN DEL SENA VOLVERÁ AL SENA, O A UNO DE LOS RÍOS DEL `BASSIN` DEL SEVERN EN EL QUE EL SENA DESEMBOCA. COMO EL TÁMESIS FUE AFLUENTE DEL RHIN, UN SALMÓN DEL RHIN PODÍA IR AGUAS ARRIBA DEL TÁMESIS HASTA LA MESA DE GOG Y MAGOG Y DEL LORD MAYOR DE LONDRES. ESTA FIDELIDAD DEL SALMÓN A SUS RÍOS MATERNOS ES ADMIRABLE Y CONOCIDA DESDE MUY ANTIGUO.
SE LES ESTIMA COMO GUARDADORES DE TESOROS, TENIENDO SU PIEL LA GRAN VIR-

TUD DE CURAR LAS PERLAS, EN LO QUE HACEN GRAN COMPETENCIA A LAS MUJERES. SE
DICE EN LA **HISTORIA NATURAL** DE CAMBASSIUS QUE VIVE EN FAMILIAS, SIENDO MONÓ-
GAMO Y MUY AMANTE DE LAS AGUAS OSCURAS Y TEMPLADAS (CAMBASSIUS HABLA DEL
SALMÓN COMO SI ÉL MISMO HUBIERA SIDO SALMÓN EN SUS MOCEDADES).
LOS VIKINGOS LOS UTILIZABAN PARA AVERIGUAR LAS BUENAS ENTRADAS DE LOS RÍOS,
Y, ADEMÁS, FUE EL PEZ DE ARMAS DE LOS OBISPOS DEL MAR DE AVALÓN. LA HISTORIA DE
LOS SALMONES ES, COMO LA DE ROMA, CONSTANTINOPLA, PARÍS O LONDRES, UN CAPÍ-
TULO DE LA GRAN HISTORIA UNIVERSAL. (A. Cunqueiro, *La Cocina Cristiana de Occidente*).

Guiso de liebre al vino tinto

INGREDIENTES

1 liebre
100 gr de manteca
1 cebolla
150 gr de panceta ahumada
3 rebanadas de pan de centeno
1/4 de taza de crema agria
1 l de caldo de verduras
Confitura de mirto, cantidad
  necesaria
Sal, a gusto

PARA EL ADOBO

1 l de vino tinto
1 cebolla picada
2 dientes de ajo aplastados
1 rama de tomillo

PROCEDIMIENTO

Cortar la liebre en trozos y marinarla en el adobo durante 24 horas. Picar la cebolla, rehogarla en la manteca y agregar la carne y la panceta que también se habrá picado. Condimentar con sal y pimienta, añadir la miga del pan negro, el líquido de la marinada y el caldo. Tapar y cocinar por dos horas. Luego, retirar los trozos de liebre y ligar la salsa con la crema. Se sirve con la confitura de mirto.

Antes de la instauración definitiva del vino, la bebida más popular era el hidromiel. Columela aconseja emplear para su elaboración agua de lluvia, conservada al aire y al sol durante años. Tuvo gran fama el hidromiel de Frigia. Una fórmula clásica para prepararlo consigna: "A un sextario de agua añadir siete onzas de miel o más, si se desea un hidromiel muy fuerte. Esta solución se deja al sol durante cuarenta días en verano dentro de un recipiente sellado, pasados los cuales se decanta y se pone en botellas o ánforas, bien cerradas, que se exponen a la acción del humo, como se hacía con el vino".

Gambas al whisky

INGREDIENTES

24 gambas
1 cebolla
1/2 taza de crema
4 clavos
2 dientes de ajo picados
4 cucharadas de whisky
50 gr de manteca
1 cucharadita de estragón
Sal y pimienta, a gusto
Gajos de limón, para decorar

PROCEDIMIENTO

Derretir la manteca en una sartén y rehogar la cebolla bien picada, los dientes de ajo y los clavos.

Incorporar las gambas y verter el whisky, para flambear la preparación, moviendo constantemente la sartén.

Cuando se apaguen las llamas, agregar la crema, el estragón y salpimentar. Dejar reducir y servir adornando con gajos de limón.

UN DÍA, UN PESCADOR NAVEGABA EN SU PEQUEÑA EMBARCACIÓN POR EL MAR DE ARAN, Y VIO HORRORIZADO CÓMO LAS OLAS SE LEVANTABAN FORMANDO UNA GIGANTESCA MONTAÑA QUE SE ABALANZABA SOBRE ÉL.

SABIÉNDOSE PERDIDO, DESENVAINÓ SU CUCHILLO Y LO LANZÓ HACIA EL MAR EMBRAVECIDO CON MUCHA FUERZA AUNQUE SIN DESCONOCER QUE ERA UN GESTO INÚTIL.

PERO EL MAR SE CALMÓ AL INSTANTE, Y PUDO LLEGAR AL MUELLE SIN NOVEDAD Y YA EN SU CASA CAYÓ PROFUNDAMENTE DORMIDO. AL DESPERTAR SE ENCONTRÓ EN UN LUGAR QUE NO CONOCÍA, UNA LUJOSA MANSIÓN, Y YACÍA A SU LADO UNA HERMOSA JOVEN CON

UN CUCHILLO ATRAVESÁNDOLE EL SENO DERECHO. EL JOVEN RECONOCIÓ ENSEGUIDA SU PROPIO CUCHILLO Y LO ARRANCÓ DEL PECHO DE LA MUJER, QUE SE LEVANTÓ SONRIENTE. EL PESCADOR ENTENDIÓ QUE ESTABA EN COMPAÑÍA DE LA DIOSA DEL MAR. Y CUANDO ÉSTA LE PIDIÓ QUE SE CASARAN, NO ACCEDIÓ POR TEMOR A LO DESCONOCIDO, ROGÁNDOLE QUE LE PERMITIERA MARCHARSE. LA DIOSA ACCEDIÓ Y LE REGALÓ UN LIBRO QUE CURABA TODAS LAS ENFERMEDADES. AL MOMENTO VOLVIÓ A QUEDARSE DORMIDO Y DESPERTÓ EN SU CASA PENSANDO QUE HABÍA SOÑADO. NO OBSTANTE, EL LIBRO ESTABA EN SU MANO Y NUNCA PUDO OLVIDAR A LA BELLA DIOSA DEL MAR." (Leyenda irlandesa).

West cork

INGREDIENTES

250 gr de harina
100 gr de manteca
100 gr de miel
15 gr de jengibre
30 gr de nueces peladas
  y picadas
20 gr de levadura
Jugo de 1/2 limón
Una pizca de sal
Manteca y harina, cantidades
  necesarias para untar una placa
  para horno

PROCEDIMIENTO

Mezclar la levadura y la sal con la harina. Añadir la manteca blanda (punto pomada), la miel, el jugo de limón, las nueces y el jengibre rallado. Amasar y hacer un bollo que se dejará reposar tapado por 30 minutos. Luego, estirar la masa hasta dejarla con un espesor de 5 mm. Recortar con un molde redondo de 5 cm e ir colocando sobre una placa enmantecada y enharinada. Cocinar en horno fuerte hasta que los dulces estén dorados, aproximadamente 30 minutos.

EVITAD DISCUSIONES ENTRE VOSOTROS. A LAS CLARAS HABLAD CADA UNO Y TODOS POR IGUAL: GRATO ES ASÍ EL BANQUETE. (Teognis, 500 a.C).

Pudín Cántabro

INGREDIENTES

1 l de leche
200 gr de avena
150 gr de azúcar
50 gr de manteca
1 chaucha de vainilla
50 gr de nueces peladas y picadas
50 gr de almendras peladas y
  picadas
100 gr de higos secos
50 gr de pasas de uva
50 gr de castañas en almíbar
  picadas
4 huevos
1 manzana verde cortada en cubos
1 vaso de sidra
Semillas de anís, cantidad necesaria
Manteca, cantidad necesaria para
  untar el molde

PROCEDIMIENTO

Poner a hervir la leche, agregar el azúcar y la vainilla. Antes del hervor, retirar y agregar la avena en forma de lluvia cuidando de que no se formen grumos. Hervir 15 minutos, retirar y cuando la preparación esté tibia, añadir los huevos batidos y la manteca, revolviendo continuamente. Luego incorporar las frutas y los frutos secos previamente remojados unas horas en sidra. Poner todo en un molde redondo enmantecado y llevar a un horno con fuego fuerte por 20 minutos. Dejar enfriar antes de desmoldar.

LOS GUERREROS ESCOCESES ERAN TEMIBLES POR LA MOVILIDAD QUE LES PERMITÍA SU DIETA BÁSICA, PUDIENDO LANZARSE CONTRA SUS ENEMIGOS LLEVANDO EN LA GRUPA DE SUS VELOCES CABALLOS TODAS LAS PROVISIONES QUE NECESITABAN, ESTO ERA UN SACO PEQUEÑO DE HARINA DE AVENA Y UNA PLANCHA PARA TOSTARLA.

Pan de nuez

INGREDIENTES

500 gr de nueces
4 huevos
100 gr de azúcar
1 taza de leche
20 gr de levadurina
100 gr de pasa de uva
500 gr de harina

PROCEDIMIENTO

Batir los huevos con el azúcar y luego añadir las pasas, las nueces peladas y picadas,
la leche y la levadurina mezclada con la
harina. Amasar un poco y hacer una barra. Dejar
descansar unos 30 minutos en un lugar templado. Llevar a un horno con fuego moderado por
una hora. Dejar enfriar y servir el pan cortado en
rebanadas.

LOS CELTAS SOLÍAN JUGAR AL "JUEGO DE LAS NUECES", QUE CONSISTÍA EN PONER AL FUEGO DOS NUECES, CADA UNA DE LAS CUALES LLEVABA EL NOMBRE DE UNA PAREJA A LA QUE SE PENSABA CASAR. SI LAS DOS NUECES ARDÍAN JUNTAS ERA BUEN AUGURIO Y DEBÍAN CONTRAER MATRIMONIO, PERO SI REVENTABAN POR SEPARADO SE DECÍA QUE UNO DE LOS INTEGRANTES DE LA PAREJA ERA MUY ORGULLOSO Y QUE NO CONVENÍA CASARSE CON UNA PERSONA DE ESAS CARACTERÍSTICAS.

Buñuelos de manzana

INGREDIENTES

4 manzanas verdes
3/4 l de cerveza
150 gr de harina
Aceite para freír
Miel o azúcar, cantidades necesarias

PROCEDIMIENTO

 elar las manzanas, retirar el centro y las semillas, y cortarlas en rodajas. Pasarlas por agua caliente unos segundos, secarlas y reservarlas.

Mezclar la harina con la cerveza hasta lograr una pasta espesa. Enharinar las rodajas de manzana y rebozarlas con la pasta, procurando que queden bien impregnadas con la misma. Freír en abundante aceite hasta que estén doradas, retirar y colocar sobre papel absorbente.

Servir calientes, solas, con miel o espolvoreadas con azúcar.

 AJO LAS MISMÍSIMAS NARICES DE SU MADRE, PERO OCULTA A SU MIRADA, ELLA ME PASÓ DOS MANZANAS; SEGÚN LAS APRETABA EN MIS MANOS, MALDIJE QUE FUERAN MANZANAS Y NO SUS DOS PECHOS. (Pablo el Silencioso, siglo VI).

Dulces del pastor

INGREDIENTES

500 gr de harina
250 gr de manteca
3 huevos
1 vaso de whisky
1 cucharadita de vinagre de
  manzana
Una pizca de sal
Miel, cantidad necesaria

PROCEDIMIENTO

Amasar la harina con los huevos, el whisky, el vinagre, la sal y 3 cucharadas de manteca, hasta obtener un bollo homogéneo. Extender la masa y ubicar encima la manteca restante. Doblar en cuatro procurando que no se salga la manteca y volver a estirar. Doblar de nuevo y repetir la operación cuatro veces, dejando siempre que repose la masa por 15 minutos entre doblés y doblés. Extender, cortar con un molde redondo de 5 cm y cocinar en un horno a fuego moderado por 40 minutos, hasta que los dulces estén dorados. Dejar enfriar, agregar la miel por encima y servir.

SE CUENTA QUE A MEDIADOS DEL SIGLO III A.C, CORMAC MACAIRT, REY DE IRLANDA, INVADIÓ INGLATERRA Y SECUESTRÓ A UNA PRINCESA PICTA. LA ESPOSA DE CORMAC TUVO CELOS DE LA BELLA CAUTIVA POR LO QUE ORDENÓ QUE AL IGUAL QUE EL RESTO DE LOS ESCLAVOS, MOLIESE CIERTA CANTIDAD DE TRIGO TODOS LOS DÍAS (ARDUA TAREA QUE SE HACÍA CON RUDIMENTARIOS MOLINILLOS CONSISTENTES EN GRANDES PIEDRAS QUE LA MOLINERA, SENTADA EN SU "SILLA", MOVÍA DE ARRIBA A ABAJO Y DE UN LADO A OTRO, SOMETIENDO A UN GRAN ESFUERZO LOS MÚSCULOS DE LA ESPALDA).

PRONTO, LA PRINCESA CAUTIVA QUEDÓ EMBARAZADA DEL REY, Y NO PUDO CUMPLIR CORRECTAMENTE CON SU TAREA, ADEMÁS DE QUE NO ESTABA HABITUADA A ESTE DU-RÍSIMO TRABAJO. ENTONCES CORMAC ENVIÓ A INGLATERRA UN EMISARIO PARA QUE VOLVIESE CON UN ARTESANO CAPAZ DE CONSTRUIR UN MOLINO ESPECIAL. SE TRATABA DE UN MOLINO DE AGUA QUE TRITURABA EL GRANO POR MEDIO DE DOS GRANDES PIE-DRAS CIRCULARES, MOVIDAS A SU VEZ POR UNA RUEDA QUE APROVECHABA LA FUERZA DEL CURSO DEL AGUA. DE ESTA FORMA, EL TRIGO SE MOLIÓ CUMPLIENDO LA ORDEN DE LA REINA, Y LIBERANDO A LA HERMOSA CAUTIVA DE TAN PENOSO TRABAJO.

Pudín de manzana

INGREDIENTES

1 l de leche
100 gr de miga de pan remojada en leche
2 manzanas verdes
100 gr de azúcar
6 huevos
Caramelo, cantidad necesaria para untar el molde

PROCEDIMIENTO

Mezclar la miga de pan remojada en leche con el azúcar y las manzanas peladas cortadas en rodajas muy finas (reservar algunas para decorar la superficie). Incorporar los huevos batidos y verter la preparación en un molde tipo savarín acaramelado. Cocinar en un horno con fuego moderado, a baño María, por una hora. Dejar enfriar, desmoldar y decorar con algunas rodajas de manzana.

Tiene que quedar una capa de pudín más compacta debajo, y la parte superior debe ser de una contextura similar a la de un flan.

LOS GALOS CREEN EN LA REENCARNACIÓN DE LAS ALMAS, Y QUE AL PASAR AL CÍRCULO SIGUIENTE, LOS HOMBRES VIRTUOSOS SON RECIBIDOS CON HONORES EN EL HOGAR DE SUS ANTEPASADOS, PERO QUE LOS COBARDES O REOS DE DELITOS SON EXCLUIDOS Y VAGAN ETERNAMENTE POR LOS VIENTOS Y LAS TEMPESTADES. EL ALMA DE LOS ELEGIDOS, EN CAMBIO, SE LIBERA DE TODAS SUS DESAVENENCIAS, PERO CONSERVA TODAS LAS AFICIONES QUE TUVIERA EN VIDA. SANGRIENTAS PELEAS HACEN LAS DELICIAS DE ESTOS INCANSABLES GUERREROS, ALTERNÁNDOSE CON INACABABLES ORGÍAS, EN LAS QUE SE SOLAZAN CON EXQUISITOS PLATOS Y SUS BEBIDAS PREDILECTAS". (Tácito, *Vida de Agrícola*, siglo I).

Compota de manzanas

INGREDIENTES

4 manzanas verdes
2 tazas de agua
1 taza de azúcar
1 cucharadita de cinamomo
30 gr de pasas de uva
Jugo de 1 limón
Hojas de menta, para decorar

PROCEDIMIENTO

Pelar y quitar el centro o corazón de las manzanas. Cortar en octavos y ubicarlas en un recipiente con el jugo de limón y el agua. Añadir el azúcar y revolver. Llevar a ebullición y cocinar a fuego mínimo unos 30 minutos hasta que las manzanas estén tiernas. Agregar fuera del fuego el cinamomo y las pasas de uva. Dejar enfriar y servir.

También el manzano era un árbol sagrado para los celtas, y los druidas utilizaban sus frutos para la adivinación, haciendo que el consultante cortara una manzana en forma transversal, y leyendo su porvenir en el pentagrama que aparece en el centro del corte. El pentagrama era un símbolo de la diosa Irish Gaël Cerrydwenn, poseedora de un caldero hirviente en el que sumergía a los hombres para purificarlos, y fue adoptado por los católicos irlandeses como representación de las heridas de Cristo, mientras que el caldero se transformó en el Santo Grial. (R. R. Reinolds, *Los Celtas*).

Pan de manzanas

INGREDIENTES

4 huevos
150 gr de azúcar
50 gr de azúcar moreno
1/2 cucharada de aceite
200 gr de manzana rallada
300 gr de harina
1 cucharadita de cinamomo
1 cucharadita de bicarbonato de
  sodio
25 gr de levadura
50 gr de avellanas
Manteca, cantidad necesaria para
  untar el molde

PROCEDIMIENTO

Batir los huevos, agregar el aceite y los azúcares, seguir batiendo hasta obtener una pasta espesa y añadir la manzana rallada. Aparte, unir la harina, el cinamomo, el bicarbonato, la sal, la levadura y las avellanas. Incorporar a esta preparación la mezcla de manzanas y revolver suavemente, con cuidado. Dejar reposar por 30 minutos, colocar en un molde redondo enmantecado y decorar la superficie con algunas láminas de manzana. Llevar a un horno fuerte y cocinar por 1 hora. Está listo cuando se introduce en el pan una aguja o un palillo y sale totalmente seco. Dejar enfriar antes de servir.

Para los celtas, las avellanas eran un símbolo de sabiduría y las manzanas un fruto sagrado. Tal es así que la mítica isla de Avalón, recibía su nombre por creerse que en sus tierras crecían innumerables manzanos mágicos. Además, uno de los meses del calendario celta está dedicado, precisamente, al avellano.

Crepes o galettes bretonas

INGREDIENTES

300 gr de harina de trigo sarraceno
100 gr de harina de trigo
3 huevos
3 1/2 tazas de agua
100 gr de manteca

PROCEDIMIENTO

Batir los huevos, mezclarlos con la harina e incorporar 50 gr de manteca y el agua, hasta formar una masa ligera y homogénea. Dejar reposar por 2 horas.

Calentar una sartén, engrasar con la manteca restante y cubrir el fondo con una película muy fina de la pasta preparada. Cuando se levanten los bordes de la crepe, darla vuelta y dejar que se dore el otro lado. Se sirve como postre con miel, o como plato principal con diversos rellenos salados.

LOS RELLENOS DE LAS CREPES PUEDEN SER DE CASTAÑAS, CHAMPIÑONES Y ESPINACAS, QUESOS, FRUTOS DE MAR, TOCINO AHUMADO, CREMA Y UN SINFÍN DE PRODUCTOS DE LA REGIÓN. LA EXPRESIÓN "FAIRE SAUTER LES CRÊPES" SE USA AÚN HOY EN EL TRANSCURSO DE LAS CEREMONIAS NUPCIALES EN BRETAÑA. SI LA NOVIA, AL HACER SALTAR LA CREPE LOGRA ÉXITO EN SU COMETIDO, TENDRÁ UN MATRIMONIO FELIZ, SI EN CAMBIO LA CREPE CAE DOBLADA O FUERA DE LA SARTÉN, ES SEÑAL DE MALOS AUGURIOS.

Castañas en leche

INGREDIENTES

1 k de castañas
1 1/2 l de leche
1 hinojo
Azúcar, canela y sal, cantidades
  necesarias

PROCEDIMIENTO

Poner las castañas, sin el erizo y la piel dura, a cocinar media hora en agua hirviendo. Retirar y quitarles la segunda piel. Ponerlas otra vez al fuego con agua, sal y el hinojo, cortado en cuartos, otros 30 minutos. Dejar enfriar y escurrir. Ubicarlas en una olla, cubrirlas con la leche caliente y dejarlas cocinar por 30 minutos más, hasta que estén tiernas, evitando que se deshagan. Servirlas con leche caliente, tibia o fría y espolvoreadas con azúcar y canela.

En el Leabhar Gabhala se cuenta que Balor, rey de los Formoré (cíclopes), alertado por un druida de que iba a ser asesinado por su propio nieto, hizo encerrar a su única hija, Ethlynn, en la Torre del Mar de su castillo en la Isla de Tory, vigilada por doce enérgicas nodrizas.
Al mismo tiempo que la niña se convertía en una bellísima joven, en la región del Vester frente a la Isla de Tory crecían tres hermanos llamados Sawan, Gobyan y Cyann. Este último poseía una vaca mágica cuya leche era tan abundante que podía alimentar a todo un pueblo.

Balor codiciaba aquel animal, y valiéndose de sus poderes se apoderó de la vaca y la transportó por encima del mar hasta su fortaleza.

Cuando Cyann se enteró del robo se enfureció y decidió vengarse sin perder tiempo. Así fue que acudió a ver a la druidesa Virgo para solicitar su ayuda, que prontamente accedió.

De esta manera pudo recuperar su vaca y, además, recibió el amor de Eithlynn, que a su tiempo concibió tres gemelos, uno de los cuales, Lugo, cumplió la profecía y mató a su abuelo con su honda mágica.

Filloas de centeno

INGREDIENTES

4 huevos
100 gr de harina de centeno
200 gr de harina de trigo
1 vaso de agua
1 vaso de leche
1 cucharadita de canela
1 trozo pequeño de panceta
Miel, cantidad necesaria

PROCEDIMIENTO

Mezclar los huevos con las harinas y la canela. Incorporar poco a poco el agua y la leche hasta formar una pasta ligera.

Calentar una sartén al fuego y untarla con la panceta. Verter un cucharón chico de la mezcla y formar la filloa lo más fina posible (como si se estuviera haciendo un panqueque o una crepe). Cuando tome consistencia sólida, darla vuelta para que se dore del otro lado.

Servir calientes, tibias o frías rociadas con miel.

LAS FILLOAS -PARIENTES CERCANAS DE LAS CREPES BRETONAS-, NO SE ACOSTUMBRABA SERVIRLAS CON ALGÚN RELLENO. ERA MUY COMÚN COMERLAS SOLAS, COMO ÚNICO PLATO, O BIEN ROCIADAS CON ALGUNA MIEL, PARA CONVERTIRLAS EN LO QUE HOY ENTENDERÍAMOS COMO UN POSTRE.

Habas blancas tiernas en leche

INGREDIENTES

250 gr de habas blancas
1 l de leche
1 cucharadita de canela
1 ramita de menta
Miel, cantidad necesaria
Hojas de menta, para decorar

PROCEDIMIENTO

Dejar las habas en remojo en agua fría, por 24 horas.

Escurrirlas y hervirlas por 30 minutos en la leche, a la que se le añadirá la canela y la ramita de menta.

Escurrir nuevamente, dejar enfriar y servir las habas rociadas con miel y adornando con unas hojas de menta.

En muchos pueblos antiguos, incluyendo los griegos y los romanos, las habas solían utilizarse no solamente como alimento, sino con fines rituales. De hecho durante el Cristianismo, las primeras roscas de Pascua incluían habas.

Faragullos

INGREDIENTES

200 gr de panceta ahumada
5 huevos
150 gr de harina
2 cucharadas de manteca de cerdo
Agua, cantidad necesaria
Miel, cantidad necesaria
Hojas de menta, para decorar

PROCEDIMIENTO

ezclar los huevos con la harina e ir agregando agua hasta que se forme una pasta espesa.

Derretir la manteca en una sartén y dorar la panceta cortada en trozos pequeños. Cuando se forman los torreznos crocantes, volcar la pasta por encima y revolver hasta que se cocine bien, unos 10 minutos. Separar y juntar los trozos hasta que se forme una torta desmigajada.

Servir caliente rociando los faragullos con miel y decorando con hojas de menta.

LGUNAS REGIONES, COMO LA CELTIBERIA, ERAN MUY RICAS Y PRODUCÍAN GRANDES COSECHAS DE CEREALES. SU CEBADA FUE CONSIDERADA COMO LA DE MEJOR CALIDAD EN EL MUNDO CONOCIDO, TENIENDO ESPECIAL FAMA LA QUE SE RECOLECTABA EN EL MES DE ABRIL. ERA TAN FÉRTIL LA TIERRA QUE UNA VEZ RECOGIDA LA COSECHA VOLVÍA A SEMBRARSE INMEDIATAMENTE Y ASÍ SE OBTENÍAN DOS COSECHAS AL AÑO. EL TRIGO, YA CONOCIDO EN LA PENÍNSULA EN ÉPOCAS PRE ROMANAS, POSIBLEMENTE HAYA SIDO INTRODUCIDO POR LOS ÍBEROS, YA QUE LOS CELTAS SE VEÍAN OBLIGADOS A IMPORTAR EL CEREAL DE AQUITANIA.

Corta galesa

INGREDIENTES

3 tazas de harina
3 huevos
1 y 1/2 taza de azúcar morena
200 gr de manteca
2 tazas de pasas de uvas sin semillas
2 tazas de pasas sultanas
2 tazas de frutas abrillantadas
1 taza de nueces picadas
1 taza de calvados
2 cucharaditas de polvo de hornear
1/2 cucharadita de bicarbonato
1 cucharadita de canela
1 cucharadita de nuez moscada
  rallada
1 cucharadita de jengibre
1 pizca de sal
1/2 taza de leche hervida
Manteca, cantidad necesaria para
  untar el molde

PROCEDIMIENTO

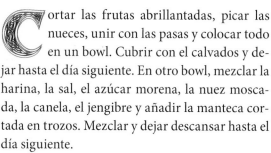

Cortar las frutas abrillantadas, picar las nueces, unir con las pasas y colocar todo en un bowl. Cubrir con el calvados y dejar hasta el día siguiente. En otro bowl, mezclar la harina, la sal, el azúcar morena, la nuez moscada, la canela, el jengibre y añadir la manteca cortada en trozos. Mezclar y dejar descansar hasta el día siguiente.

A las 24 horas agregar el polvo de hornear a la mezcla de harina, incorporar la fruta y batir bien. Verter el bicarbonato y la leche hervida y volver a mezclar, luego agregar los huevos. Si la masa está muy seca añadir más azúcar morena. Colocar todo en un molde grande enmantecado. Llevar a horno con fuego suave por tres horas. Dejar enfriar y servir.

RA CASTILLOS, CATEDRALES, FIGURAS PERFECTAS DE HOMBRES Y MUJERES, PÁJAROS Y
ANIMALES MITOLÓGICOS. EN UN DOCUMENTO SE DESCRIBE UNA "SUTILEZA" QUE REPRE-
SENTABA A SAN EDUARDO Y SAN LUIS CON SUS ARMADURAS COMPLETAS, LLEVANDO EN
ANDAS AL REY ENRIQUE IV, Y ESCRITA EN MERMELADA LA PARTITURA COMPLETA DEL TE
DEUM LAUDAMUS. EN AQUELLOS BANQUETES, LAS "SUTILEZAS" Y OTROS PLATOS SOLÍAN
RECUBRIRSE CON LÁMINAS DE ORO, COLOREARSE CON AZAFRÁN U OTRAS HIERBAS Y
ADORNARSE CON ESCULTURAS DE MAZAPÁN. Y UNAS SIMPLES NATILLAS SE CORONABAN
CON UN LEOPARDO DE ORO. (Harry Schraemli, de *Luculo a Escoffier*).

Angonada

INGREDIENTES

1 1/2 l de vino tinto
2 manzanas verdes, peladas y
   cortadas en trozos pequeños
100 gr de manteca de cerdo
1 cucharada de canela
1 rebanada de pan de trigo
6 cucharadas de miel

PROCEDIMIENTO

Dejar ablandar la manteca de cerdo y pelar las manzanas, deshechando las semillas y cortándolas en cubos pequeños. A continuación, desmenuzar la rebanada de pan en un poco de vino tinto. Reservar todo.

Poner una cazuela al fuego con el vino. Cuando esté tibio, incorporar las manzanas, la manteca de cerdo, la canela, el pan desmenuzado y la miel. Mezclar bien con una cuchara de madera todos los ingredientes y dejar hervir por 20 minutos, revolviendo de vez en cuando. La angonada se bebe caliente, sola o con el acompañamiento de castañas asadas. Antiguamente, era una bebida típica en Navidad y Carnaval.

LOS GALOS FUERON LOS PRIMEROS EN FABRICAR TONELES DE ROBLE (IMITANDO LA FORMA DE LAS ÁNFORAS GRIEGAS) PARA ALMACENAR EL VINO, A PESAR DE QUE CUANDO LOS GRIEGOS FUNDARON MASSILIA (LA ACTUAL MARSELLA) EN EL TERRITORIO QUE HOY OCUPA FRANCIA NO HABÍA UNA SOLA VIÑA. LOS GALOS SOLO CONSUMÍAN CERVEZA PERO LES GUSTÓ MUCHO EL NUEVO BREBAJE, TANTO QUE ESTABAN SIEMPRE ANSIOSOS POR TOMAR EL VINO GRIEGO Y NO DUDABAN EN CAMBIAR SU MEJOR ESCLAVA POR UNA PESADA ÁNFORA LLENA DE ESTA BEBIDA QUE TRAÍA TODO EL AROMA DEL MEDITERRÁNEO Y LOS PINOS HELÉNICOS.

Bibliografía

Casalderrey, F. y García, M., *O libro da Empanada*, Xerais. Vigo, 1993.

Cordón, F., *Cocinar hizo al hombre*, Tusquets. Barcelona, 1999.

Cunqueiro, A., *Cocina gallega*, Everest, León, 1996.

Cunqueiro, A., *Crónicas del Sochantre*, Salvat, Navarra, 1971.

Cunqueiro, A., *La Cocina Cristiana de Occidente*, Tusquets, Barcelona, 1999.

Cunqueiro, A., *Merlín e familia*, Galaxia, Vigo, 1992.

de Prada Samper, J. M., *Cuentos de las Tierras Altas*, Siruela, Madrid, 1999.

De la Villemarqué, H., *El misterio celta. Relatos populares de Bretaña*, José Olañeta Editor, Barcelona, 1999.

González López, E., *Galicia, su alma y su cultura*, E. Galicia, Buenos Aires, 1978.

González Reboredo, X. M., *Lendas galegas de tradición oral*, Galaxia, Vigo, 1995.

Kruta, V., *Los celtas*, EDAF, Madrid, 1977.

Linlater, E., *La supervivencia de Escocia*, Plaza y Janés, Barcelona, 1998.

Luján, N., *Historia de la Gastronomía*, Folio, Barcelona, 1997.

Luján, N., *Viaje por las cocinas del Mundo*, Salvat, Navarra, 1971.

Luján, N. y Perucho, J., *El libro de la cocina española*, Tusquets, Barcelona, 2003.

Manet, M., *La poesía irlandesa*, Plaza y Janés, Barcelona, 1997.

Markale, J., *La epopeya celta en Irlanda*, Jucar, Madrid, 2001.

Martínez Llopis, M., *Historia de la Gastronomía Española*, Alianza, Madrid, 1989.

Montanari, M. (Comp.), *El mundo en la cocina*, Paidós, Buenos Aires, 2003.

Moure-Mariño, L., *Temas gallegos*, Espasa-Calpe, Madrid, 1979.

Picadillo, *A cociña popular galega*, Xerais, Vigo, 1993.

Pokorny, J., *Antiguo Irlandés*, Consejo Superior de Investigaciones Científicas, Madrid, 1952.

Puy, F., *¿Qué é Galicia?*, Fundación Brañas, Santiago de Compostela, 1993.

Ritchie, C., *Comida y civilización*, Alianza, Madrid, 1996.

Rosaspini Reynolds, R., *Los celtas*, Continente, Buenos Aires, 1999.

Rosaspini Reynolds, R., *Hadas y duendes*, Continente, Buenos Aires, 1999.

Rosaspini Reynolds, R., *Cuentos de hadas irlandesas*, Continente, Buenos Aires, 2000.

Ruiz-Gálvez Priego, María L., *Prehistoria de España*, Anaya, Madrid, 1988.

Sainero, R., *La literatura anglo-irlandesa y sus orígenes*, Akal, Madrid, 1995.

Sainero, R., *Leyendas celtas*, Akal, Madrid, 1998.

Sainero, R., *Los grandes mitos celtas*, Olimpo, Barcelona, 1998.

Sainero, R., *Sagas celtas primitivas*, Akal, Madrid, 1993.

Schraemli, H, *Historia de la Gastronomía: De Luculo a Escoffier*, Destino, Barcelona, 1952.

Schraemli, H, *Historia de la Gastronomía*, Destino, Barcelona, 1982.

Stilhan, G., *Famosas cocinas del mundo*, Granica-Ameris, Madrid, 1982.

Villar, F., *Lenguas y pueblos indoeuropeos*, Istmo, Madrid, 1971.

Xa, Revista, números 1 y 4, Buenos Aires, 1994.

Índice